探索之旅

玛雅故事书

谷峰 / 主编

中国华侨出版社
北京

图书在版编目（CIP）数据

玛雅故事书 / 谷峰主编 . —北京：中国华侨出版社，2021.2
（探索之旅）
ISBN 978-7-5113-8268-9

Ⅰ . ①玛… Ⅱ . ①谷… Ⅲ . ①玛雅文化—通俗读物 Ⅳ . ① K731.2-49

中国版本图书馆 CIP 数据核字（2020）第 133095 号

探索之旅：玛雅故事书

主　　编：	谷　峰
责任编辑：	刘晓燕
经　　销：	新华书店
开　　本：	670 毫米 × 960 毫米　1/16 开　印张：17　字数：200 千字
印　　刷：	河北省三河市天润建兴印务有限公司
版　　次：	2021 年 2 月第 1 版
印　　次：	2024 年 2 月第 3 次印刷
书　　号：	ISBN 978-7-5113-8268-9
定　　价：	48.00 元

中国华侨出版社　北京市朝阳区西坝河东里 77 号楼底商 5 号　邮编：100028
发 行 部：（010）64443051　　　传　　真：（010）64439708
网　　址：www.oveaschin.com　　E-mail：oveaschin@sina.com

如果发现印装质量问题影响阅读，请与印刷厂联系调换。

前言

"地球并非人类所有，而人类却是属于地球所有。"这是玛雅预言中的一句话。

玛雅文明从诞生的第一天起，就蒙上了一层神秘的色彩。

古代玛雅人生活在人迹罕至的热带雨林中，尽管建立了高度发达的文明，却逃避与当时的其他人类文明交流，以致玛雅遗迹尘封在热带雨林中几百年才被人发现；外星人？部落后裔？中国后裔？人们对玛雅人的来源做了种种猜测，至今依然无法得出确切结论；古代玛雅人处于新石器时期，却在天文、数学等领域做到了与现代科技相差无几的测算；玛雅历法算法完美，甚至使得世人对玛雅提出的末世预言深信不疑；除此之外，玛雅文明在建筑、文字、艺术等方面也有着惊人的成就。丛林中的玛雅金字塔、高度文明的城市蒂卡尔、庙宇石壁上的象形文字都是很好的佐证……

横空出世又突然消失，与世隔绝且文明发达，玛雅给了世人太多的惊喜与好奇。然而，在神秘的面纱之下，真正的古代玛雅人是什么样子的？他们平常是如何生活的？他们爱吃的食物是什么？他们对自然和神灵有着怎样虔诚的崇拜？……本书带着这些疑问，从玛雅人的来源说起,向读者朋友介绍玛雅人的生活常态,展示玛雅高度发达的文明和成就,并对围绕在玛雅文明身上的诸多谜团做解读,为读者朋友打开一扇了解神秘玛雅的探索之门。

目录

种族起源：神秘的玛雅人来自何方

003　古老文明的毁灭与重现
009　外星来源说：玛雅人属于天外来客
012　部落后裔说：玛雅是亚特兰蒂斯的传承
016　中国后裔说：殷人东渡，建立玛雅
024　亚洲迁徙说：狩猎者扎赉诺尔人最先安营扎寨

社会形态：古玛雅人的生活日常

031　玛雅人长什么样子
033　河流与湖泊是玛雅人的生命来源
036　玛雅人为何主动选择恶劣的生存环境
039　玛雅人的社会形态是什么样的
041　贵族阶层：凌驾于众人之上的政务人员
043　祭司阶层：引领宗教文化的精神领袖

045　平民阶层：人数庞大的中间力量
047　奴隶阶层：命运悲惨的底层群体
049　玛雅文明中的城市代表——蒂卡尔
052　玛雅人平时有什么好吃的食物
056　玛雅人的特殊特产——可可豆与烟草
058　为什么玛雅没有一个统一的强大帝国

神话传说：玛雅文明中的英雄世界

063　美洲人的圣经：《波波尔·乌》
066　创世神话（一）：神造万物
069　创世神话（二）："玉米人"的曲折诞生
073　洪水灭世，玛雅人的宿命情结
076　玛雅神话中的众神谱系
083　万神之首：天神伊特萨姆纳
085　爱抢别人工作的神：羽蛇神库库尔坎
088　最受玛雅人崇拜的神：雨神恰克
092　拥有强大力量的主神们：玛雅九联神

民族智慧：玛雅文明何以颠覆人类认知

- 099   玛雅文明的诞生：前古典主义时期
- 101   玛雅文明的崛起：古典主义时期
- 105   玛雅文明的衰亡：后古典主义时期
- 107   文明成就（一）：超前的天文学
- 111   文明成就（二）：完美的玛雅历法
- 115   文明成就（三）：完整的数学体系
- 118   文明成就（四）：最早使用数字"零"
- 122   文明成就（五）：特色的城邦建筑
- 126   文明成就（六）：丛林中的玛雅金字塔
- 134   文明成就（七）：神秘的象形文字
- 141   文明成就（八）：逆境中的璀璨文学

神言圣语：玛雅人的末世预言与神灵崇拜

- 147   从预言里走出的民族
- 151   "古代玛雅人五大预言"是什么

154　古代玛雅人口中的"太阳纪"是什么

157　为什么玛雅人会预言2012年是世界末日

161　关于末世预言的破译与解读

164　玛雅人的迷信生活

169　玛雅人的神明祭祀：一场讨价还价的交易

173　恐怖的习俗：血腥的活人献祭

诡异谜团：揭示人类秘密的13个水晶头骨

181　20世纪考古学的最大谜题

183　少女的神秘发现：米歇尔·黑吉斯水晶头骨

190　命中注定的相遇：尼克与水晶头骨
　　　"萨·娜·拉"

193　水晶头骨是预示死亡的不祥之物吗

197　会说话、能治病的水晶头骨

199　13个水晶头骨的接连面世

202　水晶头骨存在的意义是什么

204　世纪骗局？世人对水晶头骨的质疑

208　水晶头骨的检测与真假之谜

失落猜想：一夜消失背后的伏笔

217　玛雅文明终结的征兆：石碑的停建
220　玛雅人为何忽然之间匆忙离开家园
222　为什么不能说玛雅文明已经灭亡
225　失落猜想（一）：玛雅文明毁于权力斗争
229　失落猜想（二）：战争导致玛雅文明衰亡
233　失落猜想（三）：宿命论困住了玛雅人
237　失落猜想（四）：肆虐的瘟疫摧毁了玛雅
240　失落猜想（五）：人口爆炸致使玛雅人背井离乡
243　失落猜想（六）：一场玉米地带来的劫难
246　失落猜想（七）：气候变化导致玛雅失落
247　失落猜想（八）：玛雅人返回外星球

文明延续：阿兹特克文明传承之谜

253　阿兹特克与玛雅的渊源
256　阿兹特克文明传承自玛雅文明吗
258　阿兹特克覆灭，印第安文明终止

[种族起源：神秘的玛雅人来自何方]

古老文明的毁灭与重现

玛雅文明是由古代美洲的印第安人建立起来的文明，是世界古代文明的重要组成部分。这个文明被认为是古代印第安文明的杰出代表，也是世界上最先进、最成熟的古文明之一。

玛雅文明约形成于公元前 1500 年。经过 2000 多年的发展，他们建立起最早的奴隶制政权。我们通常所说的玛雅文明，指的是公元 3 世纪到 9 世纪玛雅文明的鼎盛期。

当时，玛雅文明影响了美洲中部绝大多数地区——从现在的墨西哥地区，一直到美国的休斯敦地区；从太平洋西部的哥特马拉海，一直到大西洋东部的加勒比海岸；从吉尔帕斯热带森林高地、危地马拉低地平原，一直延伸到大西洋的尤卡坦群岛，都是这个古老文明的势力范围。

大约在公元 15 世纪，伴随着西班牙殖民者的入侵，已经在走下坡路的玛雅文明在世界上神秘地消失了，湮灭在历史长河当中。

今天，我们依然能够在危地马拉、墨西哥、巴西及洪都拉斯等地区寻找到这个古代文明的遗迹。从考古学家寻找到的古代遗址来看，玛雅文明在天文、历法、数学、科学、艺术等方面都有着非常伟大的成就。

他们当时的建筑工程水平已经达到出神入化的程度，其雄伟的体育场和金字塔建筑，一度被怀疑并非人类所建。他们的天文学水平令后人惊叹，他们不仅完全掌握了日食的规律，而且掌握了太阳、月亮和金星的运动轨迹；他们的历法准确到令人称奇，所使用的太阳历、金星历两种历法，与现代使用的历法几乎分秒不差。

同时，玛雅文明也是唯一留下文字的印第安文明，被考古学家们称为"新世界的希腊人"。早在1000多年前，他们就培育出玉米、西红柿、红薯、南瓜等农作物，为现代农业发展做出了不朽的贡献。

对于玛雅文明，如果只用一句简单的话来描述，那就是：玛雅文明在当时是一个开先河、远远超前的文明。

那么，神秘的玛雅文明是如何走进人们的视野的？

其实，这最早要归功于新航线的开辟。1502年，著名的新航线开拓者哥伦布进行了人生当中最后一次对美洲的探险。这次远航，距离他首次发现"新大陆"刚好过去了十年。

有一次，当他们的船在洪都拉斯的港湾靠岸时，哥伦布带着他的船员到岸上去闲逛。一个偶然的机会，他们在当地的集市发现了一个漂亮的陶盆。这个陶盆制作精美，上面还刻有一种哥伦布从未见过的花纹图案。哥伦布对其非常感兴趣，于是就与卖主攀谈起来。卖主告诉哥伦布，这个美丽的陶盆来自"玛雅"（MAYA）。他不曾想到，随口一说，却给一个世界上最神秘的古代文明命了名。

这也是"玛雅"这个名字首次响在欧洲人的耳边。

对于世界文明史来说，哥伦布的探险活动有着双重意义：一方面，他打开了一些封闭地区的大门，使得这些地区慢慢步入现代文明时期；另一方面，他的发现使得西方殖民者开始了对这些地区的疯狂掠夺，当地的原住民经历了一场血和泪交织的悲惨历史。而西方殖民者的掠夺往往伴随着天主教的入侵，这些地区原本存在的古老文明不同程度地受到摧残和打击。

在这种前提下，古老的玛雅文明也未能幸免。

距哥伦布首次听说"玛雅"这个名字 17 年后，也就是 1519 年，西班牙著名的殖民探险家埃尔南·科尔蒂斯（Hernan Cortes）率领一支西班牙军队踏上了美洲的土地。他们征服了整个墨西哥，将当时还处于鼎盛时期的阿兹特克帝国摧毁。

很多人认为玛雅文明是被西班牙殖民者摧毁的。其实，在科尔蒂斯的进入墨西哥时，玛雅文明已经毫无预兆地步入了尾声。但在某些地区，传承古文明的玛雅人后裔所建立的政权依然存在，并在这场殖民大潮当中饱受冲击。

玛雅人首次同西班牙殖民者打交道，要追溯到科尔蒂斯入侵墨西哥前两年。1517 年，西班牙殖民者征服了西印度群岛之后，沿着古巴海域向西航行，企图捉拿沿岸的土著人卖作奴隶。误打误撞之下，他们来到位于尤卡坦半岛北部的玛雅人聚居地。殖民者对于玛雅神庙中的黄金垂涎三尺，于是开始强取豪夺。当地的玛雅人奋起反抗，给了西班牙殖民者沉重打击，西班牙人只好灰溜溜地逃走了。

这些西班牙殖民者的残部逃回位于古巴的大本营之后，向古巴总督韦拉斯克兹报告了这件事，引起了后者的极大兴趣。于是，这位总督派自己的侄子格里加尔瓦率领一支军队，再次向玛雅人发动进攻，结果依然铩羽而归，就连格里加尔瓦都负伤战死。

9 年之后，也就是 1526 年，另外一支西班牙殖民者的军队前往玛雅人的聚集地尤卡坦，开始了对当地玛雅人的血腥征服。他们使用洋枪火药，对尚处于石器时代的当地原住民进行残酷的镇压，试图用暴力摧毁他们的宗教信仰，强迫所有的原住民信奉天主教。

对此，玛雅人进行了艰苦卓绝的抗争。他们开展了近百年的游击斗争，一直坚持到1697年，西班牙人最终还是攻克了最后一个玛雅城邦。在占领该城邦之后，西班牙殖民者焚毁了那里收藏的所有文化典籍，导致玛雅文明几乎彻底消失。

18世纪末，伴随着欧洲兴建博物馆的热潮兴起，世界各地的文化遗产都列入了一些收藏家的收购清单中，玛雅文明作为古代美洲文明的代表之一，引起了全世界考古学家们的注意。但是，这个时期人们手中拥有的只是从玛雅文明中流传出来的零星的文物，并没有形成日后名震天下的玛雅文明体系，收藏界甚至把玛雅文明当成另一个印第安人古文明——印加文明的衍生品。

直到19世纪末，一位伟大考古学家的重大发现，使得考古学家们开始注意到玛雅文明。

约翰·劳埃德·斯蒂芬斯（John Lloyd Stephens）是美国著名的考古学家。他原本是一位律师，因为厌倦了法庭上唇枪舌剑的对峙，加上身边的人也劝他要多多锻炼身体，于是本着"身体是革命的本钱"的信条，他在29岁那年跳上一条船，踏上了外出探险的道路。

很快，斯蒂芬斯就在考古界闯出了名头——这源于他成功地揭开了约旦古城佩特拉的神秘面纱。

19世纪初，约旦古城佩特拉与西方世界完全隔绝，几乎没有西方人涉足此地。1806年，曾经有一名德国学者因"好奇地溜进"佩特拉城而身首异处。

斯蒂芬斯知难而上，带着一位伪装成阿拉伯人的意大利向导，试图进入佩特拉遗址。为了探险活动能够正常进行,他甚至贿赂了当地的当权者。功夫不负有心人,他终于向世界揭开了佩特拉古城的真面目。

回到纽约之后,斯蒂芬斯将自己在约旦的所见所闻写成一本考察笔记,并于1837年出版。他的作品得到当时的美国诗歌评论家、侦探小说之父埃德加·爱伦·坡(Edgar Allan Poe)的大力推荐,受到世人的瞩目。

斯蒂芬斯收获的不仅是名声与金钱,还有志同道合的朋友。他作品中的插图全部由英国插画家、考古学家弗雷德里克·卡瑟伍德(Frederick Catherwood)创作,二人由此结下伟大的友谊。

后来,一次偶然的机会,卡瑟伍德为斯蒂芬斯推荐了一部作品——瓦尔德克的《尤卡坦省览胜记》。在这部作品中,斯蒂芬斯发现了一些非常奇怪的版画图样,这些新颖的图样使他怀疑这些版画可能出自一个伟大的古代文明的废墟当中。这个假设令他欣喜不已:如果能将这个古代文明的遗址公布于众,其意义将会比佩特拉古城的发现更有话题性,更能引起大众的关注。

于是,斯蒂芬斯做了一些功课。他发现的一些线索表明,这个遗址可能位于中美洲。但麻烦的是,中美洲大陆正处于战火连天的状态。那时候,由危地马拉、洪都拉斯、萨尔瓦多、尼加拉瓜和哥斯达黎加五个国家组成的中美洲联邦发生了内战,战火一度蔓延到整个中美洲大陆。在这种情况下,斯蒂芬斯根本无法前去探险。

后来,一个机会摆在了他的面前——美国驻中美洲的领事突然去世,后继无人。斯蒂芬斯听到这个消息后,马上向美国总统毛遂自荐,继任美国驻中美洲领事一职。后来,他带着卡瑟伍德,于1839年10月搭乘"玛丽·安"号轮船到达了尤卡坦半岛东岸的伯利兹城。

他们抵达中美洲时才发现，原本得到的线索是错误的，传说中的玛雅遗址根本不知所踪。他们不得不在当地寻找向导，向科潘谷地进发。

有一天，他们走到一条河边时，忽然发现河的对岸有一堵大石墙。那破旧不堪的石墙虽已被草木盖住，但斯蒂芬斯和卡瑟伍德一眼就看出这应该是某个遗迹的遗址。

他们迅速过河，来到石墙边，清理了旁边的小树与灌木丛，然后顺着石墙爬到一个平台上向四周张望：因为灌木和草丛的覆盖，这里已经看不出原本的形状。他们只好继续进行清理寻觅的工作，花费了大量的时间。

最后，在人迹罕至的热带雨林中，他们找到了一座半圆形的竞技场。紧接着，他们又找到一座巨大的金字塔以及美洲虎的雕像，还有很多砖石建造的巨大雕像。

其中，让他们印象最深刻的是那座金字塔。塔的顶部原本是一座庙宇，很多地方已经倒塌，且被杂草盘根错节地围住。庙宇周围立着很多石柱和雕花石刻，上面刻着精美的花纹，看起来像人和动物的图像。但是，斯蒂芬斯和卡瑟伍德对这些图像一无所知，眼前的景象令他们大开眼界。

这是玛雅文明首次出现在世人的面前。

结束了这次考察，斯蒂芬斯和卡瑟伍德离开伯利兹城，穿过危地马拉来到了墨西哥南部的恰帕斯地区，在这里又有了新的发现——他们找到了跟伯利兹城遗迹风格一模一样的遗址。在墨西哥期间，他们前后探访了包括帕伦克和乌斯马尔在内的40多座玛雅城市遗址。在这些遗址当中，他们发现了很多非常类似的图像和花纹等。这说明，他们可能发现了一个新的文明。

当时，很多人都认为他们找到的这些遗迹是其他文明（比如当时被世人熟知的印加文明）的衍生物，但斯蒂芬斯和卡瑟伍德不同意这个说法。经过大量的科考研究工作，他们发现这个疑似新文明的遗址在中美洲呈三角形分布。在这个三角形中，底边的右边是科潘，左边是帕伦克，而顶点就是尤卡坦半岛。他们推断，在这个三角形范围之内的地区曾经被某一个种族所统治，创造了一个不同于以往人们所发现的独立文明，而绝不是某个已知文明的延伸与扩散。

他们坚信所找到的废墟属于中美洲本土文明，应该是由居住在当地的土著人祖先创造的，而不是南美洲印加文明的衍生品。

从这一天开始，玛雅文明逐渐向世人揭开了它神秘的面纱。

外星来源说：玛雅人属于天外来客

从著名探险家斯蒂芬斯于1839年发现玛雅文明的遗址开始，玛雅人的起源就成为史学界争论的焦点。

其中一个比较有意思的观点是，玛雅人属于天外来客，即外星人的后裔。持这种观点的人们的论据主要有三点。

首先，玛雅人所用的历法中存在蹊跷。玛雅人一共发明了三种历法，一种是太阳历，即地球围绕太阳旋转的历法。这种历法将一年的时间推算为365.2420天，而我们现代科学家能推算出来的数字是

365.2422 天，误差仅有惊人的 0.0002 天。

第二种是金星历，即金星围绕地球一周的历法。玛雅人经过将近 400 年的推算，最后认定金星上每年的天数应该是 584 天，而我们现在的科学家得到的数字为 583.92 天，平均每天的误差不到 12 秒。

最令科学家感到疑惑不解的是玛雅人独创的"卓尔金历"。根据这个历法，一年只有 260 天，不仅与我们地球的实际公转情况不符，而且不适用于太阳系目前所知的任何一颗行星。这使得不少人都认为玛雅文明与外星人有着某种联系。

比如，美国的艾力克和哥雷克兄弟就坚信"玛雅人是外太空人"的说法。他们认为玛雅人拥有非常先进的天文学知识，绝不可能编造出公转周期如此怪异的"卓尔金历"。这只可能是玛雅人传承他们的故乡——"地球外的某颗未知行星"的历法。

一些科学家根据这个历法进行了反推算，最后认定玛雅人的"卓尔金历"所适用的星球，可能位于金星与地球之间的某颗人们尚未发现的行星。因为离太阳更近，所以这颗行星应该很温暖，这与玛雅人居住的美洲原始雨林环境很类似。如果将来某天真的能发现这样的行星，那么玛雅人的故乡谜团可能就随之揭晓了。

艾力克和哥雷克认为，在数十万年前，一些外太空探险者为了开采矿产而背井离乡，后来因出现大事故或大爆炸而被迫来到地球上避难。他们最初选定的居住区是当时还很温暖的南极，后因地球进入了冰河期，于是开始往北方迁移，最后抵达中美洲闷热潮湿的热带密林，并在此建立了玛雅文明。

艾力克和哥雷克还认为，由于来自外星球，玛雅人可以从太空船以及故乡得到补给，所以他们不需要居住在人口较多的肥沃河川流域，那样不利于他们保持自身的隐蔽性。这就解释了为何已经处于发达文明时期的玛雅人，会拒绝同当时还处于原始时代的地球人接触。他们既不扩张，也不露面，虽然建造了文明水准很高的大都市，却依然采取"闭关锁国"的政策。艾力克和哥雷克曾说过，玛雅雕刻中那些被视为"奉献给神的祭品"的活人祭祀宗教仪式，其实是玛雅人在做人体解剖或者医学手术。

然而，以上这些都属于猜测。目前能为外星人起源说提供最有利证据的，是玛雅"火箭设计图"石板的发现。1952年，一块刻着不明花纹和人物的石板在墨西哥玛雅古城帕伦克一处神殿的废墟里被考古学家发掘出来。当时，人们并没有意识到它的独特性，仅仅把它当成一个普通的文物。但是，20世纪60年代航天飞机升空后，人们赫然发现，石板上的这幅图可能描绘了一位宇航员操纵火箭飞行器的画面。

画面上有一位年轻人，正在操纵一艘前端疑似是流线型的航天器。这位航天员双手握着方向杆，以骑摩托车一样的动作跨坐着，左脚下踩着类似挡位的设施。整个航天器设计精巧，依稀可以看到有方向盘、仪表、内燃机、排气口等设施。而那位青年只有四根手指，头上的头盔有两根管子，基本上可以认定其为外星人。不少学者认为，这说明玛雅人早就跟"外星人"有所接触了。

另外，玛雅人制造了很多他们完全用不到的建筑，支持"外星论"的科学家们认为，这些不是普通的建筑，而是天文台。

综上所述，他们认为玛雅人可能是天外来客的后裔。而玛雅文明之所以会突然消失，是因为外星人"祖先"将地球上大部分玛雅居民接回了天外"故乡"。

在所有外星人起源说中，还有一种说法比较大众化。不少人认为，外星人在很久以前访问过玛雅，曾经为玛雅人留下了先进的科技知识。在20世纪60年代末，埃里希·冯·丹尼肯（Erich Von Daniken）曾经率领一个团队专门研究这一说法。他认为在秘鲁发现的规模十分巨大的古代玛雅纳斯卡的标记，只有从半空中才能欣赏到它的全景，而古代没有航天器，这应该是外星人驾驶着飞行器才能做到的事情。

冯·丹尼肯认为，外星人不但驾着飞行器在地球上乱跑，还把太空技术传给玛雅人。证据是，金字塔上发现了一处图案，图中有一位戴着头盔漂浮在半空中的男人，他的双脚离开地面，整个身体悬浮在天空中，极有可能是在操作飞行器。

然而，人们发现这位埃里希·冯·丹尼肯并不是一位值得信任的人——他甚至连高中毕业证都没有，却凭借"玛雅外星人"的说法为自己带来数不尽的收益，一下子成为百万富翁。

部落后裔说：玛雅是亚特兰蒂斯的传承

除了上面的"外星来源论"，还有一种说法是玛雅人是"遗失的部落"后裔。有学者认为，玛雅文明之所以毫无预兆地达到巅峰，是因为它承接自另一个已经成熟的古文明——1万年前突然消失的亚特兰蒂斯古文明。

公元前 350 年，古希腊著名的哲学家柏拉图在他的著作《对话录》里提到了一个已经消失的远古文明——亚特兰蒂斯，现代人也把这个文明称为"大西洲"或"大西国"。

相传，亚特兰蒂斯是一个拥有高度发达文明的古国，在公元前 1 万多年的大洪水中沉入海底，再也不见天日。根据科学家们的说法，那次史前大洪水是一次波及全球的大灾难，由火山爆发和地震引发了海啸，将很多陆地吞没。据说那次地震的威力，相当于 4000 颗二战时美国投在广岛的原子弹，整个地中海地区都受到了影响。于是，这个史前文明古国从世界文明史中离奇消失。

有学者认为，在亚特兰蒂斯文明沉入大西洋之前，有一部分幸存的居民乘船逃离。机缘巧合之下，他们的船漂流到美洲，然后在那里开枝散叶，成为玛雅人的祖先。

其实，不少玛雅后裔也认为，他们的文化传承自亚特兰蒂斯文明。根据他们部落的口口相传，他们最早的祖先叫依查兹人。依查兹人来自水的世界，即上面所说的大西洲，也就是亚特兰蒂斯。他们为玛雅人带来了水晶头骨以及宇宙运行的知识，玛雅人称他们为"亚特兰蒂斯"。

有学者认为，柏拉图所确定的亚特兰蒂斯文明发生剧变的年代是在公元前 9500 年，这与现在考古学发现最后一季冰川纪结束的年代非常相近。上个冰川纪结束的时候，水面上的冰山要比现在大得多，海平面比现在低一些，陆地也比现在的大很多。等到冰川纪结束时，地球开始升温，导致冰山融化、海平面上升，海水淹没了大片的陆地。如果亚特兰蒂斯文明所处的地区在海边的话，那么被海水淹没的可能性非常大，这次灾难也就成为他们口中所说的大洪水。

考古学家揣测，亚特兰蒂斯的居民们坐着船逃往四周避难，其中一部分人有可能漂流到美洲，同当地的土著居民通婚，玛雅人从此开始登上历史的舞台。

在玛雅神话中，有一位叫"库库尔坎（羽蛇神）"的智者。传说他从海上来，传授给玛雅人天文学知识，建立起玛雅人的文明之后，就坐船向东驶去。这位后来被玛雅人封为羽蛇神的"库库尔坎"会不会就是亚特兰蒂斯文明的幸存者呢？

其实，在古代玛雅典籍当中，也有很多记录跟亚特兰蒂斯文明有关。上文说到西班牙殖民者在攻破了玛雅最后一个城堡之后，将很多记载玛雅文明的书籍付之一炬，使玛雅文明的传承出现了断代。但是，其中有三份文件却幸存了下来。人们按照这三份文件被重新安放的地方给它们起了名字：马德里法典、德累斯顿法典以及巴黎法典。

历史学家们在翻译这些文件的过程中，提出了这样的意见：法典中提到，玛雅人曾经居住的一座古城早已经因为地震、洪水和火灾而毁灭，但这座古城并不是坐落于美洲大陆，而是存在于海上，这说明玛雅人的文明极有可能传承自海上的亚特兰蒂斯。

玛雅人中流传的末世预言，也可能与亚特兰蒂斯文明有所关联。根据玛雅预言的传说，地球作为人类生存的空间，已经经历过四次毁灭与重生的过程。每次毁灭与重生的过程都是一个太阳纪。每个太阳纪即将结束的时候，都会发生恐怖的灭绝大灾难。

其中第四个太阳纪被称为"宗德里里克"，指的就是亚特兰蒂斯文明。

亚特兰蒂斯文明被玛雅预言称为光的文明，他们不是地球人，而是来自猎户座的殖民者，拥有操纵光的能力。玛雅人认为这个亚特兰蒂斯文明最终毁灭于滔天的史前大洪水，这与柏拉图的观点不谋而合。

如果说上述理论都是推测的话，那么考古学家还在玛雅遗址中找到了一些证据。

1998年，一个科考队在离尤卡坦半岛地面表层100多英尺深的地下河里发现了玛雅的水下文明遗迹。

这次发现纯属偶然。有一天，一名科考小组的成员从当地一个几英尺宽的井口进入水中，想揭开玛雅人水井常年不干且水质非常清澈的秘密。这位成员穿着潜水服潜到井下之后，发现这口井居然没有尽头。他在水下游了足足半英里，越游越吃惊，因为他完全找不到井的边缘，仿佛深陷在一个没有尽头的地下水世界，水里生存着很多叫不出名字的生物，到处都是错综复杂、不知通向何处的地下通道。

潜水员原路返回，浮出水面后将自己的发现报告给科考队。科考队马上决定调来最先进的水下仪器对这口井进行全面的测试。结果发现，井下面连接着一条地下河，而这条地下河大概就是玛雅人传说中著名的"欧西贝哈"，翻译过来就是"万水的源头"。

科学家们用先进仪器勘探后发现，这条地下河呈大三角形排列，最少有200英里长，里面的河道就像迷宫一般四通八达。科研小组的潜水员们再次下水勘探，潜到地下河的一半深度时，有了惊人的发现——一些早期人类生活过的痕迹意外地出现在他们眼前，其中包括一些保存完好的砌在石壁边上的炉灶，还有在石器时代才能看到的工具，以及其他一些古人类生存的痕迹。考古学家们估计，这些文物可追溯到1万年前。

这支科考队还在地下河里发现了其他一些玛雅时期的文物，比如破碎的陶器以及玛雅人的遗骸等。这些意外的发现说明，玛雅人极有可能是一个生活在近水环境中或者来源于海上的民族。

中国后裔说：殷人东渡，建立玛雅

关于玛雅文明的起源，人们有很多猜测，不一而足。但若要分析其人种来源，史学界的意见相对一致。综观全世界，与玛雅人外貌特征最相似的种族，主要是分布在亚洲地区的黄种人。现在我们到玛雅文明传承最广泛的墨西哥东南部去，会发现当地居民的外表与中国人极为相似。

事实上，这并不是巧合。作为玛雅后裔的印第安人，与中国人同属于蒙古利亚人种。因此，不少史学家推测玛雅人的祖先是从亚洲迁徙过去的，更有甚者怀疑玛雅人的祖先其实就是中国人。

中国的一些史学家曾经提出这样一种假设，即玛雅人是中国商朝时代移民的后裔。他们认为，公元前1200年左右，一批殷商（商朝的别称，因为商朝的国君盘庚迁都至殷，所以又称"殷商"，其人民又称"殷人"）人背井离乡、不远万里漂流到墨西哥，后来建立了西半球最著名的玛雅文明。

大约在公元前1044年，殷商王朝正处于纣王的统治下，很多史书都认为此时的商朝已经摇摇欲坠。这时，位于西岐的周部落实力强劲，已经"三分天下有其二"。当年十二月，周部落的首领周武王觉得讨伐纣王的时机已经成熟，于是率军向东挺进。

十二月的戊午日，周武王的军队全部渡过盟津，与前来助威会盟的诸侯会合。这时，纣王发动了70万人的军队前来迎战。人数虽多，但在这70万人当中，有很多是殷人的奴隶，他们并不服从纣王的统治，无心作战。周武王的军队刚一发动进攻，奴隶们就倒戈相向，反而带领周武王的军队向商朝都城朝歌进攻。古书中曾经有这样的记载：武王伐纣，一夜之间就将整个商朝军队击溃，占领了朝歌。

对此记载，不少历史学家觉得难以置信——毕竟双方的军队数量相差悬殊，周武王会取得最后胜利毋庸置疑，但若说一天就拿下朝歌城，也未免太夸张了一些。所以，人们大多认为这是古书上夸张的说法。

但后来出土的西周利簋铭文记录了武王伐纣的真实日期，也证实了古籍中所载的"战一日而破纣之国"的记载是正确的。

那么问题又来了：根据一些历史学家的说法，商朝的纣王并不是一个无道昏君。相反，他有着杰出的军事才能。在牧野之战前不久，纣王还曾率领军队在东夷打了胜仗。而且，从当时两国的军事实力来看，殷商军队的实力应该是远远超过周武王的军队。正因为这样，史书曾记载，周武王在出发前一直犹豫不决。出人意料的是，战事一旦打响，结束得非常快，以弱胜强的武王军在不到一天的时间就攻下殷都朝歌，这里面究竟出了什么问题呢？

后来，一些历史学家经过深入的研究，终于找到了其中的原因。他们发现，当时纣王的主力部队并不在朝歌，而在远离京畿的前线战场。据史料记载，其时由林方、人方、虎方等部落组成的25万名殷商大军主力，正由大将攸侯喜统率远征东夷。周武王率军大举进攻朝歌时，这批大军来不及调回救援，终使得商纣王国破身死。所以《左传》上评论武王灭商时说："纣克东夷而损其身。"意思是说，纣王因攻打东夷而实力大损，最终亡国。

说到这里，已然牵扯到史学界的一些谜题，因为篇幅所限，不再深究。暂且不论商朝因何种原因亡国，因为这个历史上的谜案还有下文，与玛雅文明的来源息息相关。

上文曾说到，一些学者认为玛雅人是殷商时代移民的后裔。他们的论据是：当年周武王灭商的时候几乎不费吹灰之力，除了纣王无道之外，也与商朝的主力部队不在首都朝歌有关。当时，那一支20多万人的殷商军正在今天的山东地区与东夷作战。商朝灭亡后，这支军队也从历史上消失了，有史学家推测，他们很可能漂流去了墨西哥。

著名文学家、历史学家郭沫若先生就秉持这种看法，他在与日本教授小竹文夫探讨这个问题时曾说过，由于周武王的军队堵住了身在东夷的殷商军队的后路，这些殷军没有办法回到中原，要想生存就只有东渡。出身于人方（今山东、江苏一带）部落的主帅攸侯喜，是唯一可能领导殷人东迁及东渡的人。

此外，国学大师罗振玉先生和王国维先生也认为"殷人东渡美洲"存在可能性。

还有人说，古代中国的航海业比人们想象中的要发达。早在6000多年前，中国就有渔民出海捕鱼的记录。中国古代奇异志《山海经》中，有海外仙山"旸谷扶桑、大壑咸池"的记载。这说明，很早以前，中国人就对海洋另一边存在的陆地非常感兴趣。

还有学者认为，从历史年代的角度看，周武王灭殷商之后，北美地区就出现了具有明显亚洲印记的奥尔梅克文明（玛雅文明就传承自奥尔梅克文明），这很难说是一种巧合。

但是，也有中国学者对上述说法表示质疑。

首先，殷商20多万人的军队消失不见的说法，并没有在正史中出现。根据历史记载，武王灭商后按照事先的计划，会同诸侯的联军，马上兵分四路向各地进发，前去征讨商朝的残部以及忠于商的诸侯国。那些剩下的商军部队由于后方的大本营已经沦陷，前方又面临东夷人的反扑，腹背受敌，经过几场激烈的战斗，最终大部分被击溃。有史料记载，周武王的军队曾把商朝的大将蜚廉驱赶到东海之滨，击溃他的部队后杀掉了他，可见当时山东战场还是进行过激烈战斗的。

其次，就算真的有20多万人的军队在今山东一带消失了，以当时的航海技术，也不可能横穿太平洋到达北美洲。要知道，直到公元前485年的春秋时期，《左传》才记载了吴国大夫徐承率水军进攻齐国的事情。与殷商军队去玛雅的假设相比，吴国水军渡海攻齐这件事，不但延后了几百年，而且路途跟横越太平洋比起来，更是小巫见大巫。

另有一些学者认为，所谓的殷商东渡产生美洲奥尔梅克文明，在时间上其实是衔接不上的。奥尔梅克文明产生于公元前1200年的中美洲，而商朝灭亡的年份是公元前1046年。如果那支军队在商朝灭亡后远渡美洲，那么必须向前穿越近200年才能建立奥尔梅克文明。所以，他们认为，在商朝灭亡之后，其军队远渡美洲创造了奥尔梅克文明的说法是不成立的。

但是，还有很多人认为玛雅人与中国人有关系。早在清朝末年就有传闻说，玛雅人就是当年殷人东渡后留下来的后裔。晚清时代，因为传言愈演愈烈，当时的清政府一把手——摄政王载沣曾经在派遣驻墨西哥特使欧阳庚前去处理"墨西哥1908年革命时杀死华侨311人"的案件时，一度叮嘱他顺便调查一下玛雅文明到底"有没有殷人东迁的证据"。

欧阳庚到达墨西哥后，有100多个印第安人前去见他，声称自己有中国血统，是当年东渡的殷人后裔，并称自己为"殷福布（Infubu）族"。他们声称，3000年前，自己的祖先从天国（天朝大国，代指中国）经"天之浮桥岛"漂流到此，请求清政府保护他们，并为他们索赔。

欧阳庚将此事上报后，摄政王载沣可能是嫌索赔麻烦，就批示道："印第安殷福布族自称中国人，并无依据。"由于摄政王对此事不甚关心，于是欧阳庚便没有继续追查下去，只留下一份案件档案，目前保存于中国台湾地区档案保管处。

尽管持反对意见的人们非常多，但是依然有大批学者认为，玛雅文明跟中国人的关系颇深，甚至找到了很多玛雅文明与中国文化相似的证据。

比如说，玛雅人与中国人都有玉崇拜情结。中国古代最重要的宝物、被称为"传国玉玺"的和氏璧是一块玉。巧合的是，玛雅人也崇拜玉石。玛雅人认为，绿色的玉石代表土地、生命和权力。所以，现今玛雅文明遗迹发掘出的殡葬品中，有很多都是玉制品。如今在墨西哥国家博物馆的玛雅文明收藏品当中，有很多玛雅人当年用玉石做成的面具。

也有史学家说，玛雅的象形文字与中国的甲骨文在发展水平上相似，字形的最外面都会有一个方框，类似于我们今天在田字格内书写汉字的情形。而且，玛雅文字与甲骨文最大的共同点就是，与西方目前盛行的字母文完全没有任何关联。

根据纽约《世界日报》1996年发布的报道显示，1955年在墨西哥出土的一块玉圭上面出现了4个符号，专家研究后认定，是中国的甲骨文。消息传开后，我国的甲骨文专家对其进行了研究，推断这块玉圭上的文字的大概意思是："统治者和首领们建立了王国的基础。"这为美洲文明与中国古代文明有关提供了有力的佐证。

再比如说，玛雅人的神话跟中国古代的神话有很多共通之处。

玛雅人的象形文字典籍当中曾经记载了这样一个故事：有一对双胞胎兄弟，曾经大战一个恶魔。这个恶魔掌控着太阳和月亮，并且杀害了这对兄弟的父亲。经过艰苦卓绝的战斗，这对兄弟终于战胜了恶魔，之后便飞到天上，一个化身为太阳，一个化身为月亮。有人在玛雅人的壁画上看到了这两个兄弟的形象，仿佛是两条正在交尾的蛇。

玛雅人的传说中还有一位跟蛇有关的神，名字叫作库库尔坎，翻译过来就是"长着羽毛的蛇"。

从这两个例子中可以看出，玛雅人对蛇有一种图腾崇拜情结。巧合的是，在中国古代神话当中，创世的始祖神伏羲、女娲的形象也是人面蛇身的。只不过，伏羲跟女娲是兄妹，而玛雅人的传说是兄弟俩。更加巧合的是，中国的古代志异经典《山海经》里，曾经多次提到过海外也有民族祭祀蛇身人面的神祇。

另外，玛雅文明当中也有月亮女神的形象，她是天神的妻子，最令中国人感到惊讶的是，这位女神也养着一只兔子！不知道其与中国神话中的嫦娥女神有没有关联。

巧合远不止这些。玛雅人"长着羽毛的蛇"的库库尔坎的形象，与中国古代龙的形象有些许相似。一些玛雅祭司双头拐杖上的雕刻，非常像中国古代的龙头。而且，在玛雅神话当中，"长着羽毛的蛇"与中国古代龙的职位相同，都是主管降雨的神明。

还有，玛雅文明的历法与中国古代的历法也有相通之处，玛雅的卓尔金历使用数字1到13，再加上20种动物、自然现象或物品的名字相匹配来标记日期，这与我们古代的天干地支纪日法非常相似。更加巧合的是，在卓尔金历里的20种标记名称当中，包含着12种动物，听起来是不是有点耳熟？这与中国天干地支匹配的十二生肖多么相似。

另外，根据学者们的研究，玛雅人的天文学体系跟中国彝族的天文学体系相当接近。根据最新的考古成果显示，我国的夏朝拥有非常先进的天文学知识，他们可以精确地绘制大面积地图，掌握了类似卫星定位绘制技术。如果玛雅人的祖先真的是漂洋过海而去的中国人，那么玛雅人的天文学知识就可能传自我国的夏朝遗民。玛雅著名的纯木星历和纯太阳历，与我国彝族的纯木星历和纯太阳历相似。

而更令人惊讶的是，玛雅人也有四象五行八卦的概念。

我国古代的四象是：东方青龙、西方白虎、南方朱雀、北方玄武，分别由龙、虎、凤和龟四种动物形象组成。而玛雅人的四象则是：东方赤色的蜥蜴、西方黑色的美洲豹、南方黄色的天龙蛇、北方白色的大鱼，这与我国的四象相映成趣。

玛雅人的五行是东红、西黑、南黄、北白，这与我国一般的五行是不同的。根据我国出土的6000年前的古代瓷器显示，我国北方的仰韶文化的代表颜色是红色，南方河姆渡马家浜的代表颜色是黑色，西方高庙文化的代表颜色是白色，东方大汶口文化的代表颜色是青黄，也是跟玛雅文明一样的逆五行。

还有人说，玛雅人的 20 进制的计数系统或许与我国有关。他们的计数系统由三个符号组成，一个是零，一个是点，还有一个是横，这与我国八卦的组成有点类似。如果玛雅文明真的是由我国古代遗民带过去的，那么玛雅人可能对八卦进行了一些修改性继承。我们的先人只用它们来占卜，而玛雅人用它们来计数。

学者们还发现，玛雅遗址中的文物"袋足彩陶罐袋"，上面的乳状袋足以及鲜艳的红、黑色几何图案非常醒目。根据考古学家们的说法，这种乳状袋足是我国古代陶器中最具典型性的器形，却不知为何在万里以外的美洲遗址中被找到。

在公元前 900 年到前 200 年，位于玛雅文明南部的国家秘鲁曾经出现过神秘的查文（Chavin）文明；在公元 100 年到 700 年间，又出现过莫切（Moche）文明。这两个文明当中竟然出现了我国良渚文明所具有的一些特征，比如他们也有形似良渚文明中"神兽"纹的图案。

一些学者认为，美洲大陆的祖先是从亚洲地区迁移过去的，其具体时间大概在 1.3 万年前。而玛雅文明则兴起于公元前 2000 年到前 1000 年之间。如果玛雅人真的和中国人有些许关系，那么东渡的具体时间不出夏、商、周三个朝代，但目前还没有决定性的证据可以证实这个论点。

亚洲迁徙说：狩猎者扎赉诺尔人最先安营扎寨

关于玛雅人的起源，国外的历史学者提出了让人更加容易接受的"亚洲迁徙说"。他们认为，玛雅人的祖先的确是亚洲人，但迁徙的时间并不是中国的商朝，迁徙的方式也不是渡海，而是通过俄罗斯最东端与美国阿拉斯加州中间所隔的白令海峡迁徙过去的。

位于俄罗斯东部的楚科奇半岛与美国阿拉斯加中间的白令海峡其实是一段很窄的海，俄罗斯最东端与美国阿拉斯加最西端之间最小的距离仅有35公里。如果乘坐雪橇，4个小时就可以跑完这段距离。

史学家们认为，在距今4万年到2万年间，白令海峡还有一片陆地连接着亚洲与美洲。亚洲的动物经常去美洲"走亲戚"，美洲的野兽经常到亚洲"串门"。一些来自亚洲的猎户，经常会跟踪成群结队的野兽狩猎。就这样，他们到达了今天的北美洲。而随着时间的推移，白令海峡变成一片海洋，而那些留在当地的亚洲猎户们就成为后来玛雅人的祖先，也就是今天的印第安人。

这种说法有理有据，比起前面的说法更容易让人接受。

那么，到底是哪里的猎人最先到达美洲呢？

历史学家为我们提供了一种可能性——位于我国东北满洲里市附近的古代人种"扎赉诺尔人"极有可能是我们要寻找的答案。

位于我国东北满洲里市以东和海拉尔市以西有个达赉湖，扎赉诺尔其实就是"达贲湖"的音译。考古学家们测定，在 1.1 万年前，就有人类在这里居住、狩猎。

从 1927 年起，有非常多的考古学家陆陆续续来到这里进行发掘。1933 年，当地一个煤矿的副矿长顾振全偶然间有了一个重大发现。某天，他在遗迹当中发现了一个原始人的头骨。经过鉴定，这个头骨属于一个古代的成年女性。1934 年，日本的古人类学家远藤隆次先生把它定名为"扎赉诺尔猿人"，认为这个头骨属于旧石器时代与中石器时代之间形成的蒙古人种的头骨。此后，世界各地的考古学家纷至沓来，并且有了一系列重大发现。考古学家们普遍认为，扎赉诺尔人出现的时期，几乎跟北京的古人类——山顶洞人重合，两者都是早期的古人类。

经过数十年的研究，科学家们认为，扎赉诺尔人制作和使用生产工具的能力并非只是简单的原始水平。他们对石器进行打磨加工，使其更加美观、顺手、锋利。他们还把打磨后的石器绑在木棒上，制成了原始形态的矛或者石斧。更有甚者把磨得非常锋利的石片放进骨头里，做成一把带有骨头柄的刀或者锯子，用来切割树皮或兽皮。

此外，他们发明了骨针，用来缝制衣服。可以说，他们当时已经不是茹毛饮血、赤身裸体的野蛮人，而是一群有着相当劳动技巧和生活能力的人。

根据考古学家的说法，扎赉诺尔人还掌握了制陶的技术。陶器的制作需要火烧，其作用大多是盛水盛饭。这意味着他们已经熟练掌握了用火的技巧，所吃的食物应该是烹煮过后的熟食，从而正式告别了旧石器时代。

然而，就在扎赉诺尔人逐渐创造并拥有自己的特色文明时，却从历史上神秘地消失了。科学家们在遗址附近并没有发现人类继续繁衍的迹象。目前生活在达赉湖地区的人们，其祖先并不是扎赉诺尔人，而是迁徙到这里定居的其他地方人种的后裔。

这些扎赉诺尔人到底去了哪里？历史学家认为存在两种可能。

第一种可能是，扎赉诺尔人是亚洲除中国外其他地区黄种人的祖先。当年他们可能向东进入了朝鲜或日本，在那里繁衍生息。第二种可能就是，扎赉诺尔人的祖先通过上文我们提到过的路径——白令海峡上那条把亚洲与美洲相连接的陆桥来到了美洲，然后成为玛雅人的祖先。

经过漫长的繁衍，他们的后裔从北向南散落到整个美洲大陆，形成各种各样的印第安部落，其中也包括玛雅人。

比较有意思的一件事是，早期的欧洲人一直以为印第安人是红色人种，这是因为印第安人通常喜欢用红色的染料把自己的身体涂满。早期的欧洲殖民者看到这种现象，就误认为印第安人原本的肤色是红色的。其实印第安人是黄色人种：他们的头发是黑色的，皮肤呈棕红色，脸比较宽，额头比较圆，两个颧骨突出，眉毛比较粗壮，这些生理特征都与扎赉诺尔人非常相似。

我国学者刘后一在《追踪扎赉诺尔人》当中这样写道：2万年以前，西伯利亚地区还没有人类居住的痕迹，后来古人类从中原地区来到了扎赉诺尔，把这里作为一个中转站。他们有的向西进入了蒙古；有的向北进入了西伯利亚；有的向东进入了朝鲜和日本；还有一部分人则穿越了当时还是一片冰封大陆的白令海峡，进入了美洲，创建了印第安文化。

我国台湾学者任庆华在《美洲人从哪里来》一文中说：距今1.2万

年前，第一批来自东亚的狩猎部落到达阿拉斯加后，当地寒冷的气候导致人口锐减。其中有一小部分人留在当地，也就是今天因纽特人的祖先。其他的人则继续向南迁徙，成为美洲当地原住民——印第安人。

社会形态：古玛雅人的生活日常

玛雅人长什么样子

与同为古代文明的中国文明相比，玛雅文明的人口并不是太多，这可能是因为玛雅人的居住范围本来就很小。尽管玛雅人活跃的美洲大陆面积很广阔，但玛雅人所覆盖的范围并不是很大，基本上就是以尤卡坦半岛为中心大约30万平方公里的土地。如果在现在的国家当中找一个参照物，那么玛雅文明的活动区域差不多跟今天的菲律宾国土面积一样大。如果还是没有直观的印象，那么你可以找来一张中国地图，把山东省和安徽省连在一起，那大概就是玛雅人的生活范围。

尽管玛雅人的生活区域覆盖了今天的墨西哥、危地马拉、伯利兹和洪都拉斯四个国家，但只占了这些国家的小部分领土。

古代玛雅人不仅活动区域总面积不大，且他们居住的环境非常恶劣，大多是气候炎热而危机四伏的热带雨林。所以，玛雅文明的居民总人数并不算太多。这一点，与中国古代文明形成了鲜明的对比——中国古代的战争，参战人数动辄就是几十万甚至上百万。战国时期的秦国将军白起，曾经一次就坑杀了四十万赵军。这如果发生在玛雅文明时期，基本上就算亡国灭种了。

即便到了今天，玛雅人的后裔依然不多，据统计，全世界范围内的总人口在200多万。

就人种特征来说，玛雅人跟今天的东亚人非常相似，二者同属蒙古人种。玛雅人中男性的平均身高大约是1.56米，女性的平均身高在1.42米左右，相比其他人种显得矮一些。但玛雅人的一项身体指标远远高于其他人种——他们是世界上头部最大的种族。换句话说，他们是世界上脑袋最大的人种，属于真正的头大种族。

玛雅人的审美观念与现代人有所不同。他们把宽额头、畸形颅骨以及斗鸡眼看成美的象征。古代玛雅的贵族经常按照这个标准来区分美丑，甚至不少人在孩子刚一出生，就千方百计地让孩子的容貌向上面两个标准靠拢。据说有的父母用工具挤压孩子的脑袋，让他们的头骨变形，可以变得"美一点"。更不可思议的是，玛雅人甚至发明了早期的整容手术。据说他们在外貌方面有着动物崇拜的情结——如果人长得像某种动物，将来就可能大富大贵。

大多数玛雅平民的穿着非常简陋，经常有半裸体的现象出现，这当然与当时的生活条件有关，但这并不意味着玛雅人邋遢。虽然条件艰苦，玛雅人对于外表还是比较注重的。古代玛雅人身上会有大量刺青，通常文着美洲虎、大蟒蛇、大蜥蜴之类的动物。不仅是身体上，他们还把刺青文在额头和脸庞上，整张脸涂得五彩缤纷的。玛雅人还钟情于把红色颜料涂在身体表面，以至于西班牙殖民者刚刚看到他们的时候，一度以为他们是红色人种，这种谬误流传了很长时间。

玛雅人还习惯于把自己的牙齿磨平，镶上玉石。在身体上打各种洞也是他们的爱好，用以穿鼻环、耳环甚至舌环，等等。玛雅人特别喜欢在舌头上做文章。他们会在舌头上打洞，穿上舌环，还会在舌头上纹上刺青，一张嘴就会发现其"舌灿莲花"。

中国古代人对于留胡子这件事非常热衷。三国时期的战神关羽因为有一把威武的大胡子，所以被称为"美髯公"。丞相曹操见了非常倾心，急忙送金银、珠宝、美女去拉拢他。相反，关羽的大哥刘备因胡子很短而被人耻笑。古代玛雅人也有留胡须的习惯，但并不是人人都能留的——只有贵族才被允许留胡须，平民则不可以蓄须。所以，古代的玛雅贵族可能都是一副"异相"：脑袋非常大，额头非常宽，长着畸形的颧骨，斗鸡眼，留着长胡子，身上到处都是刺青和环，挂着各式各样的装饰品，就好像一只鹦鹉。贵族走在街上，无须自报身份，一眼就能分辨出来。

河流与湖泊是玛雅人的生命来源

根据考古学家的说法，广义上的玛雅地区指的是位于中美洲北纬14度到22度，西经87度到93度，沿着靠近太平洋海岸的陆地分水岭线，由东至西约550公里，由南到北大约900公里的地区。如果以现代人的眼光来看，这些地方根本就不适宜人类居住，而玛雅人却在这片贫瘠的土地上建立起惊人的文明。

如果按照气温来分，玛雅地区可以分为三部分：海拔低于1000米的地区，被称为高程热带；海拔在1000米到2000米的地区，被称为高程温带；而海拔高于2000米的地区，则被称为高程凉带。

如果按地域来分，玛雅文明通常可分为三个区域。从南到北分别是：包括美洲中部山脉和高原的南部玛雅地区；包括佩腾和危地马拉盆地的中部玛雅地区；包括尤卡坦半岛在内的北部玛雅地区。其中位于尤卡坦半岛北部的石灰石盆地，构成了玛雅文明最重要的组成部分。

相比较而言，南部高原的气候更冷一些，高山地区甚至会有冰雪，其森林和绿化程度都要比其他地区低一点。这里其实并不适宜人类居住，玛雅人也只是居住在其中的一些峡谷当中。

和南部相比，中部地区有更多森林。就在这些拥有浓密森林的地方，玛雅人建造起高度发达的文明。事实上，就算是绿化度相对较高的南部和中部，其自然环境也不太适宜人类居住，但玛雅人就在这里发展起足以应付其日常生活的农业生产。通常情况下，他们种植的农作物是玉米和少量谷物。根据科学家的研究，他们还种植了一些蔬菜和水果，比如南瓜、西红柿、豌豆、土豆、山药等。更让人惊叹的是，他们还种植棉花、葫芦甚至烟草。

在中部地区，也有很多猎物可以供他们享用。生活在森林中的动物有美洲虎、猴子、鹿、野猪等。玛雅人的猎物更多的是一些鸟类，比如鹌鹑、鸽子、火鸡等。当然，森林当中生存的并不都是他们的猎物，还有很多危险的动物。比如，天上有秃鹫，地上有很多爬行动物，如巨蟒、热带响尾蛇等，这些动物无时无刻不在威胁着玛雅人的性命。

一般说来，中部地区的气候比较适宜——比南方高原要暖和，同时又比少雨的北方湿润。根据研究，佩腾和伯利兹中部地区的年降水量要超过2000毫米。即便如此，其依然是美洲大陆中最不适宜人类居住的地方之一。这里的气候非常炎热，一年中最热的4月和5月，平均气温在37摄氏度左右，闷热异常的天气常令人抓狂。

顺着中部地区一路向北前行，就进入了尤卡坦半岛平原。这里的土地大多由珊瑚层与石灰岩构成，基本上没有地表河。地面上的植物也从中部地区的参天大树，变成低矮的灌木丛。由于北部平原比较干旱，格里哈尔瓦和莫塔瓜深谷地区的年降水量还不到 1000 毫米；最干旱的梅里达城至海岸之间的尤卡坦东北部地区，年降水量不足 500 毫米。同时，该地区的地面上没有地表河。因此，这里的玛雅人生存环境更加恶劣。他们只能依靠一些小湖泊或很小的溪水来解决农业和生活用水问题。比较幸运的是，在这里的地表之下，存在着很多地下水。玛雅人在地表下兴建了很多地下水道来解决自己的吃水问题。

可以说，河流和湖泊是玛雅人的生命线。总体来看，玛雅地区的水系是以危地马拉高地的一小块为中心，呈放射性向四周发散，北部尤卡坦半岛只有小块的湖泊和地下水。

玛雅人居住的高原地区有两条主要的河流：一条是起源于危地马拉基切地区的蒙塔瓦河，另一条则是由两条支流（帕逊河和尼格罗河）构成的乌苏马辛塔河。后者是玛雅地区最重要的运输河道。它的流域贯穿了佩腾大部分地区以及危地马拉维拉帕兹高地的主要地区。考古学家们在这条河的两岸发现了很多玛雅遗址，因此这条河流又被称为"废墟之河"。

危地马拉和潘亚斯地区的河流具有明显的季节性，每年的 3 月、4 月经常出现干涸的现象。此外，高原上还有两大湖泊，分别是位于危地马拉的阿马提坦湖，以及位于梭罗拉地区被死火山包围着、被誉为"美洲新大陆最壮丽的湖泊"的阿提特兰湖。

在北部的比较干旱的尤卡坦半岛，最大的湖泊是巴卡拉湖，它有 6~7 英里宽，35 英里长，是一个名副其实的小湖。半岛地区由于比较干旱，玛雅人通常寻找一种叫作"赛诺特"的自然泉水。"赛诺特"是一种自然地理结构，指的是地表的石灰岩崩塌而显现出地下水的地方。玛雅人一旦看到这种地理形态，就知道下面藏有深厚的地下水。

在尤卡坦半岛，玛雅人的聚集点通常是可以找到"赛诺特"的地方，这种情况直到今天依然没有改变。

玛雅人为何主动选择恶劣的生存环境

说起玛雅文明，科学家们一直以来都有个疑问：玛雅人拥有如此先进的科技文化，为什么会选取一个看起来困难重重的居住环境呢？

提起玛雅人的居住环境，哪位考古学家都会告诉你玛雅人的眼光有多差劲：不是毒蛇猛兽横行、高温湿润的热带雨林，就是干旱无雨的贫瘠之地，比起他们先进的天文物理成就来说，其选择居住地的眼光几乎可以用"惨不忍睹"来形容。以现代人的眼光来看，玛雅人似乎在人为地增加自己的生存难度。或许他们是为了逃避什么，才把自己封闭在杳无人烟的生存环境里，这不能不说是一个疑点。

20世纪的历史学家、考古学家们拼了老命，才找到玛雅文明的遗址。他们每次去探险的时候，都需要冒着生命危险——玛雅文明位于气候炎热、杂草丛生、野兽出没的热带雨林中。这里的环境非常恶劣，野兽频繁出没，毒虫四处肆虐。20世纪早期，几乎所有考古学家组织的探险活动，都会付出几条人命的代价——进入密林里，还没能接近玛雅的遗址，炎热湿润的天气就会使人喘不过气；蚊虫的叮咬会让人患上疟疾；树林里盘踞着一条条毒蛇，人们甚至会与凶猛的美洲豹不期而遇……

事实上，玛雅文明之所以一直隐藏到 20 世纪才被人发现，与其藏身于热带雨林当中而不为人知有很大关系。

不光科考队所面临的困境，就连玛雅人自己生活的环境都十分恶劣。他们分布在墨西哥的尤卡坦半岛以及洪都拉斯、危地马拉、伯利兹和萨尔瓦多等地区，这些都是气候炎热的热带地区。他们的聚集地要么是树木葱茏的热带雨林，要么就是干旱少雨的地区。比如北部的尤卡坦半岛，一年四季都非常干旱，几乎没有地表水，只有灌木才能生存。

从粮食生产的角度来说，玛雅人居住的大部分地区，一到旱季就会非常少雨，实在不适合农作物生长。从土壤方面来说，玛雅人居住的地方有很多火山，地表大多是石灰岩，既存不住水分，也无法提供农作物生长所需要的大部分养分。从这些角度来推测，玛雅人的粮食供应应当面临着很大的危机。

科学家们对此深感不解。一般来说，古代文明要想兴起，一个非常重要的因素就是必须建立在淡水资源丰富的河流边上。这并不难理解，因为不管是什么文明，说白了最基本的组成要素就是人口。文明的起源地必须是适宜人类生存的地区，这是文明产生发展的生命线。目前已知的古代文明几乎全部遵循着这个规律。比如说古埃及的文明依靠着尼罗河；古代印度文明依靠着恒河和印度河两大河流；古代巴比伦文明则位于幼发拉底河和底格里斯河流域。而我们中国人，则依托黄河和长江建立了非常灿烂的文明。但是，高度发达的玛雅文明，其所属区域没有任何一条大型的淡水河流或者适宜农作物生长的平原，它仅仅依靠贫瘠的火山高原和茂密的热带雨林以及零星的小河与湖泊而崛起，实在是令人费解。

在这样恶劣的条件下，玛雅人依然顽强地生活了下来，这的确是一件令人难以理解的事情。

考古学家们发现，古代玛雅人利用火山喷发的火山灰来栽种玉米等农作物，而且修建了很多蓄水池来储存雨水——他们的饮水和灌溉大多依靠蓄水池。粮食如果发生短缺情况，他们就会通过狩猎来补充，再加上一些水果的填补，这大概就是玛雅人的生存之道。

考古学家们曾经思考过这样一个问题：一旦遇到干旱的年份，玛雅人的生命会不会受到严重威胁呢？更何况，他们使用的生产工具是石器，而不是金属工具。他们没有发明轮子，也就没有高级的运输工具。他们甚至没有饲养牛、羊、猪、马等家畜。人们不禁要问，他们到底是怎样从如此恶劣的环境中获得生机的呢？

在如此恶劣的条件下，玛雅人并不满足于填饱肚子。他们在火山高原和热带雨林当中大兴土木，建造起一座座巍峨雄伟的金字塔、竞技场和天文台。几百年间，他们坚持不懈地与大自然搏斗，完全没有走出热带雨林去寻找更适合居住的平原和河流的打算，而是在火山和丛林中繁衍生息，建立起一个高度发达的文明。而且，他们从不与当时还属于原始状态的其他地区的人类交流。考古学家们一直在问：他们是在躲避其他人类吗，抑或是在害怕什么人找到他们？

一切依然是一个难解的谜题。

玛雅人的社会形态是什么样的

玛雅人的居住环境虽然恶劣，但并不意味着其居住的地方很杂乱。相反，根据考古学家的研究，玛雅人对自己的居住环境曾进行精心的修缮。他们修剪房屋四周的杂草、整理土地，然后种上适宜观赏的树木，就好像今天的基建工程那样。可以想象，居住在这样的环境里是一件多么令人赏心悦目的事情。

可以说，处于玛雅潘时代的玛雅平民家庭，有点类似今天住在美国郊区的人们。他们拥有被低矮小墙环绕着的独栋独院的小房子，向外走几步就能看到邻居的小草屋，旁边就是种着玉米等农作物的土地，人们都过着自给自足的生活。

最初的时候，绝大多数玛雅人并不住在城市里，他们往往依托于水源，在远离城市的乡下居住。从这个角度来说，玛雅人的人口比较分散，有时候某地甚至只住着一户人。只有在特殊的日子里，比如祭祀仪式时，他们才会来到城市的中心——因为大型的祭祀中心都设立在城市。到了后古典主义时期，伴随着托尔特克人入侵玛雅地区，玛雅人才开始聚集到城市边缘居住，开始了由分散到聚集的过程。但即便是这样，大多数玛雅人都居住在城市附近的郊区，只有在每年特定的几天内，他们才到城市去朝拜。

事实上，玛雅人的人口密度并不小，考古学家们曾经进行过计算。

玛雅最大的金字塔需要的泥土土方在5万立方米左右，它的地基修筑工作需要1万多名劳工历经大约1年的时间才能完成。从这个角度看，玛雅人要聚集起如此众多的劳动力，必须建立在其人口密度可以保证提供足够劳动力的前提下。由此可见，玛雅人的人口密度其实并不低。

后世的历史学家对于古典时期玛雅人的分散性都表示不理解。一般说来，文明的标志就是城市化。站在统治阶级的立场看，把居民们全部聚集起来，其实更有利于完成社会分工以及集中统治。但是，巅峰时期的玛雅人没有这种倾向性。事实上，就算后来逐步迈向城市化，玛雅人也不愿意聚集在一起生活和生产。西班牙殖民者占领玛雅之后，曾经驱使玛雅人为他们工作，遭到了玛雅人的一致抵制。后来西班牙人决心用武力解决此事，派军队对玛雅人进行军事管理，结果还是失败了，因为大多数玛雅人都跑路了。

这也难怪，一般说来，玛雅人只有在响应宗教方面的征召时才会干劲满满。玛雅人心目中威信极高的祭司，可以自由地使用任何玛雅劳力，而且是无偿的。

玛雅社会并不推行相对平等中性的政治制度，他们的政治等级划分非常严苛，并且严格执行。玛雅人的人群构成大体上可以分为四个等级。第一等级是贵族，第二等级是祭司，这两个等级也是玛雅社会的统治阶级。第三等级是平民，第四等级是奴隶，这两个等级的人们是玛雅社会的被统治阶级。这些等级的划分十分明确，而且其内部有很强的凝聚力。

玛雅人的思想体系中规定了不同等级成员的血统、权利、职责等等，在玛雅文明高度发展的时期，玛雅人始终遵循并且尊重这个体系。统治阶级始终凌驾于一切平民奴隶之上，而地位低下的被统治阶级则安于被统治的生活，绝不敢僭越半步。这使得玛雅文明在古典时期的大部分时间内基本没有发生过战争和起义，社会极其安定。

进入玛雅文明的后古典时期，伴随着墨西哥人的入侵以及城市化进程的发展，玛雅社会的稳定性被破坏了。在这个时期，城邦之间爆发了多次战争，后来又发展到内部人民举行起义，证据是考古学家在玛雅潘的遗址中发现了内乱的痕迹。

之所以拿玛雅潘来举例子，是因为它的独特性。与古典时期的蒂卡尔城相比，玛雅潘不仅是一个祭祀中心，而且是一个真正意义上的城市。一个最显著的变化是，在以前玛雅人自给自足的环境中，战乱的可能性很小，城市边缘根本就没有墙的存在。但在玛雅潘，考古学家们发现城市的外围被一堵石墙环绕着，尽管非常矮，但我们还是要把它称为城墙。

这堵墙之所以会出现，一方面是为了防御其他城邦的入侵，另一方面则是为了防止内部人民的叛乱。不管其用于哪方面，都说明玛雅的社会体系已经出现裂痕。而玛雅潘最终还是毁于内部叛乱。

贵族阶层：凌驾于众人之上的政务人员

玛雅社会的贵族群体与中国古代传统的贵族定义并不一样。他们贵族群体的定位是全体官员体系——既包括君主及其家族，也包括他手下的大小官员。玛雅人的君王又被历史学家们称为"真人"，他的下面就是各级官僚机构。

与中国古代官僚机构最大的区别是，玛雅社会的官僚机构设置比较简单。当然，这也与玛雅人口比较少、城邦比较小有关。在玛雅社会的官僚体系中，君主的下面就是相当于今天中国村镇干部一级的酋长，以及酋长手下类似于古代中国衙役、地保的各级小头目。这些乡镇级的酋长由真人（即君王）指定，并不是平民可以担当的。他们中大多数人来自一些世袭的贵族群体，主要负责管理村镇的各项事务。在和平年代，他们要督促当地的老百姓从事农业生产，每年向君主进贡一定金额的财物。一旦爆发战争，酋长就要将该村镇的战斗力有效组织起来，并充当指挥员，在军事首领的指挥下开赴战场。

酋长下一级别的小头目特权阶层分为三类：第一类是类似古代师爷角色的镇中长老，一般包括2～3位成员。他们充当酋长的顾问，是下一级别行政单位的领袖；第二类是充当办事员角色的帮办，负责协助酋长处理各项公务，既是他的助手，又是他的口谕传达者；第三类是类似"地保"角色的顾问，负责协调首领与村民之间的关系，还要管理当地所有的公共议事厅、歌舞表演以及道具。

最低级别的政务人员相当于古代的衙役、现在的警察，负责维持当地的社会秩序。

此外，玛雅社会如果发生了战争，除了原本的军事领袖和行政首领酋长负责指挥战事外，玛雅人还会推选一位临时领袖，亦称战时领袖，充当战事指挥。他的任期只有3年，在这3年时间里，他必须兢兢业业地工作，不能亲近女色，甚至不能与妻子见面。

玛雅人满怀着崇敬之情将这位临时首领隔离开来，不让他有与外界接触的机会。他如同一尊神明被供奉起来，享用着人们进献给他的鱼肉和蜥蜴肉，却不能食用任何羚羊肉或野牛肉。在任期间，他唯一能接触到的外界人士就是酋长。战时军事领袖与常任军事领袖以及酋长们一同商议战事，并制订出作战计划，而酋长会负责战略战术的具体执行。

在人们心中，战时领袖宛如一尊神明，与其说他是为战事出谋划策的将军，不如说是人们将肉眼凡胎的他打造成为一位战神。

还有一点非常有趣。在玛雅社会中，竞选和推举是一种很重要的权力交接手段。这种今天文明社会中才会出现的民主选择，在1000年以前的玛雅已经是常态了。比如，上一个政治中心奇琴伊察被洗劫烧毁之后，新都城玛雅潘的权力机关出现了空缺，于是各城邦贵族之间通过讨论和民主选举，最终选出其统治者。但是，这种所谓的民主手段只适用于贵族之间，平民是没有这种机会的。

祭司阶层：引领宗教文化的精神领袖

大约在公元前1500年，玛雅人就进入了农耕时代。从这时起一直到玛雅社会衰亡，宗教在玛雅文明中都占据十分重要的地位，而引领玛雅宗教文化的就是祭司阶层。

玛雅的祭司们手中掌管着历法，而且负责观测天体的运行轨迹，这些都是玛雅文明中最高深的知识体系。目前所知玛雅人的第一位祭司，就是玛雅象形文字和日历的发明者伊特萨姆纳。

如果说贵族是玛雅社会行政意义上的领袖的话，处于第二阶层的祭司就是玛雅社会精神上的领袖。而且，不能简单地把第一阶层的贵族与第二阶层的祭司分裂开来。

就血统而言，祭司与贵族之间有着千丝万缕的联系。祭司可以是贵族，贵族也可以是祭司。玛雅人的祭司不仅可以子承父位，还可以娶妻生子。此外，有不少贵族最后都成了祭司的一员。在玛雅社会，贵族阶层的长子可以继承父业，而幼子则有机会成为祭司。因此，祭司在王宫里给王公贵族传道解惑时，就会格外留心那些贵族中天赋异禀的幼子，努力培养他们成为祭司。

虽然祭司的行政地位不如贵族首领那么高，但他们在玛雅社会中享有至高无上的地位。贵族阶层中各个级别的首领都对祭司们怀有崇高的敬意，必须按时向他们进贡财物。这其中的原因是玛雅文明神秘的钥匙就掌握在祭司手中，他们能预卜吉凶，也熟知农业生产的窍门，就连作为君主的真人们，都时常求教于他们。祭司则投桃报李，竭尽所能地运用自己所掌握的知识为他们提供最完满的答案。

玛雅社会的祭司群体还担负着承接其他任务的角色。一类是先知，他们能领悟神谕并传达神的旨意，在百姓中威望极高。还有一些是军事领袖（并不是前面所说那位任期3年的战时领袖），他是一位终身制的刽子手。当玛雅人进行活人祭祀或其他类型的崇拜祭奠活动时，他必须亲自负责动手执刀行刑。他手下还有四名助手，但并不是固定班底，而是在每次祭祀之前临时推选出来的，一般都由玛雅人中最德高望重的老人组成。

在玛雅社会，人们将祭司这一群体称为"Ahkin"，翻译过来就是"太阳之子"的意思。祭司这一群体具有超强的影响力，渗透玛雅民众生活的方方面面。他们有着丰富的天文学知识，能预言日食、月食乃至其他星体的转动周期，因此深受玛雅人的敬畏。

这种敬畏体现在修建玛雅祭司的陵墓上。玛雅人对自己的身后事并不是很看重。玛雅平民死后会在自己的房屋下找个地方，随随便便就埋了。但玛雅祭司不行，人们必须为他们建造宏大的坟墓。这些陵墓设计精巧，雕刻着精美的花纹，显现祭司生前的威严和权力。此外，人们还要为祭司打造一个玉石面具，象征着这位祭司高贵的生命。

其实，玛雅社会中除了少数宫殿之外，大多数建筑物，比如金字塔和神庙，都由祭司掌管。可见，作为特权阶层，祭司这一群体已经完全脱离了日常的生产活动，牢牢地掌握着社会运转的命脉。

平民阶层：人数庞大的中间力量

玛雅社会里，除了位于统治阶级的贵族阶层和祭司阶层之外，社会主要中间力量就是数量众多的普通平民。他们是这个社会的平民阶层，主要从事农业生产和建筑、手工业等行业，通过辛勤的劳动以及灵巧的双手来创造大量的社会财富。

历史学家发现，玛雅人能够用来耕种的土地并不多，主要种植作物玉米，并非一种高产的粮食作物。但是，玛雅人用这样贫瘠的土地养活了大量的人口。这其中，平民的贡献最多。他们不仅养活了大多数玛雅人，而且精打细算地用不多的物产来供养首领真人、地方酋长和祭司们。

在玛雅，平民并不仅仅是农夫的代名词，他们当中还有很多能工巧匠、技术能手。目前我们在玛雅各地遗址中发现的气势恢宏的金字塔神庙、鳞次栉比的宫殿和天文台全都出自玛雅社会的平民之手。从设计到建造，无数的能工巧匠在玛雅各地采集泥土巨石，凭借自己精湛的手艺及对宗教的热情信仰，完成了这些庞大的建筑群。

特别值得一提的是，考古学家们没有在玛雅遗址当中发现任何机械类加工工具，哪怕连轮子这样简单的机械都没找到。玛雅社会中也没有驯养马、牛等家畜的迹象。也就是说，修建金字塔神庙的每一块巨石、每一筐泥土都是他们用人力日积月累堆积起来的。

可以想象一下，他们挥舞着手中的石斧，吃力地砍下一棵棵巨树，然后把它们劈成一块块柴火，将地里的石灰石烧制成石灰。可以想象一下，他们将一棵棵大树砍倒，用自己灵巧的手在参天大树上雕刻花纹，把它们变成宫殿里挺拔负重、新颖别致的柱子。即便是最挑剔的艺术家也不得不承认，玛雅文明那些为数众多的平民技工是多么心灵手巧、多才多艺。他们既是石匠，也是泥瓦匠；既是搬运工，也是建筑工；既是画家，也是雕刻家。可以说，没有为数众多的平民的辛勤劳作，就没有光辉灿烂的玛雅文明。

但生活对这些平民并不友好。他们除了担负起建筑制造、耕田种地等工作之外，还要将自己微薄的收入拿出来，按时向统治阶级——包括真人、酋长乃至祭司们进贡。根据历史记载，平民们某次进献的贡品堆积起来，堆起了一座座小山，不仅数量巨大，而且种类繁多，几乎囊括了他们平时生产、打猎、收集、制造所获取的所有物品种类。

令人难过的是，这些平民的社会地位并不高。在玛雅城市当中，他们并不能居住在城市的中央，而只能住在郊区。就是这些劳苦大众，用自己辛勤的劳动建立起玛雅地区高度发达的文明。

奴隶阶层：命运悲惨的底层群体

无论是在古代哪一种文明中，奴隶都是处于社会最底层的群体。

例如，在古代中国文明中，奴隶出现的历史可以追溯到大约公元前2100年的夏朝时期。当时奴隶的来源主要有两个：一是部落战争中的战俘，或者部落被打败之后那里生活的人民；二是在某个社会或者部落当中，那些处境不佳、欠债累累、无法过活的人也会将自己卖身为奴。

具体到玛雅社会，处于其社会最底层的群体，即是奴隶阶级。关于玛雅社会的奴隶问题，现代历史学家之间存在争议。有一些学者认为，奴隶的出现是在玛雅文明的后古典主义时期。伴随着墨西哥托尔特克人南下入侵玛雅，玛雅的社会结构才发生了改变，奴隶的身影也第一次出现在历史当中。另一些历史学家根据后来发现的玛雅社会时期壁画、石碑上的相关资料，提出了反对意见。他们认为，玛雅社会奴隶出现的时间可能比上面的推论要早很多，大概在古典时期，玛雅社会就已经有奴隶存在。这两种说法目前都未被证实，尚处于争论的相持阶段。

玛雅文明中奴隶的来源，与中国古代的情况差不多。部落间的战争依然是奴隶最大的来源。每当部落间发生冲突，战败部落的俘虏中，有很多会被用作活人祭祀，侥幸逃脱人祭的战俘则会被卖作奴隶。

根据后来发现的玛雅部落相关历史记录显示，玛雅社会奴隶的主要来源有五种：第一种是战俘；第二种是一些小偷小摸的人被抓到之后，也会被官府判定为奴隶；第三种是被贩卖的人口；第四种是没有能力供养自己的孤儿，也有可能成为奴隶；最后一个比较特殊，叫作世袭的奴隶，即奴隶的儿子也可能成为奴隶，假如没有被赎身，那么世世代代都没有脱身的可能。

以上这五种人构成了玛雅社会最底层的人群——奴隶阶层。

需要指出的一点是，根据玛雅相关法律的规定，奴隶可被赎身而解脱其身份。在战争中，那些贵族身份的战士，如果因战败而成为俘虏，基本上不会得到活命的机会。而其他平民则会沦为奴隶。假如有人愿意用金钱或者物品来赎回他们，那么他们就可以摆脱奴隶的身份。另外，在当时的社会，买卖人口、奴隶都是社会舆论允许的。而且，一些孤儿被卖为奴隶或者成为活祭的祭品，也是司空见惯的事情。

其实，玛雅社会的奴隶与中国古代的奴隶的处境是不一样的。中国的夏、商、周三个奴隶制王朝时代，奴隶们没有任何人身权利，被迫进行耕种劳作，筋疲力尽也不能休息。如果他们的主人去世了，他们还有可能被当成祭品陪葬。当时的奴隶主认为奴隶如果为自己殉葬，死后依然会继续在阴间为自己服务。这种残酷的殉葬制度，一直到明英宗天顺八年（1464年）才完全被废止。

秦朝以后，对于奴隶问题，中国历史上进行了多次改革。西汉末年，王莽废除了奴隶贸易，但一直禁而不绝，一直到中华人民共和国成立之后，个别地区还有奴隶存在。

而玛雅社会的奴隶处境则相对好一些。他们拥有一点点的权利，而且有被赎身的可能，绝大多数的奴隶会被派去修建金字塔，受到的待遇要好于中国古代的奴隶。更为重要的是，他们不必像中国奴隶那样担心自己会被拉出去殉葬，只要能躲过活祭，他们的性命还是有保障的。

玛雅文明中的城市代表——蒂卡尔

上文中我们曾经提到过，玛雅人并没有任何使用机械的迹象。尽管他们建立了高度发达的文明，却连最简单的工具——轮子都没有。当西班牙殖民者入侵的时候，他们还处于石器时代，通常使用石制工具劳作，连最基本的金属工具——青铜制品都没有。但这并不意味着玛雅文明落后，与其他新石器文化相比，玛雅人的天文学、数学水平简直是吊打它们。而且，在这么恶劣的条件下，玛雅人建造了几乎是超越时代的宏伟城市。考古学家经常惊叹，现存的玛雅遗迹太不可思议，仅凭当时玛雅人的手工业与工具的水准，这几乎是不可能办到的事情。

位于玛雅大陆尤卡坦半岛南部地区的蒂卡尔城，是玛雅文明最繁华、强大的城邦，也是玛雅文明古典主义时期的地区盟主，其地位类似于古代希腊的雅典城。

蒂卡尔城当中有很多巨石搭建的建筑物，其中包括十几座大型金字塔和50多座小型金字塔。根据建筑学家的测量，其中最大的金字塔高约72米，外观十分陡峭，倾斜度达到70度，可以看成玛雅时代的埃菲尔铁塔。城市中央有一座古老的广场，被这些金字塔环绕其中，广场的旁边竖立着许多花纹精美的石柱。所有去过那里的旅行者都啧啧称奇、叹为观止。

蒂卡尔城是现存古代玛雅遗迹当中规模最大的遗址，它代表了玛雅城市发展的最高水平。根据估算，蒂卡尔城中的居民人口最少也有5万。不仅在古典主义时期，就算在玛雅文明的各个时期，其规模也是首屈一指的。

不过，去过蒂卡尔城的旅客们都会有一点疑惑，那就是蒂卡尔城的外围根本就没有城墙保护。他们纷纷询问，一个没有城墙保护的城市能被称为城市吗？也不怪这些旅客们困惑，作为传承华夏文明的中国人，他们对于城市的理解与玛雅人是不同的。中国素来有"攻城拔寨"一说，古代中国的城市建设，首先考虑的就是防卫职能，城墙、护城河一应俱全。一旦外敌入侵，所有的居民都会集中在城里躲避，敌方若要攻城，势必要付出惨重代价。

翻开历史书籍，世界上并非只有古代中国重视城防，西方历史文明的城市也必须有城墙的保护。比如古希腊著名的神话"木马计"当中的情节——希腊军队攻打牢固的特洛伊城，苦战了9年都没有破城，后来被迫使用了木马计，士兵们藏在木马中，被特洛伊人当成战利品抬进了城里，里应外合才攻下了特洛伊城。这个例子说明，城墙是古代文明中城市的第一道保护线，战略意义重大。

但作为玛雅文明古典时期最繁华城市，蒂卡尔城没有城墙，仅仅靠外围一道沟渠保卫着占地大约125平方公里的城市。而且，不少历史学家认为，这道沟渠其实并不是用作保卫城市的，而是用于灌溉、排水或者水上运输。他们的理由是，作为古罗马文明最鼎盛时代的罗马城，其占地面积也不过 13 平方公里。而只有区区不到十数万名居民的蒂卡尔城，根本用不着这么庞大的土地。所以，挖这么长的沟渠，大概是为了玛雅人的农田着想，蒂卡尔城几乎所有的农田都被囊括在这道沟渠里。再者，这道沟渠的保卫作用，事实上是不存在的，因为在玛雅文明最鼎盛的时期，部落之间的战争很少见，修筑太高的城墙反而成了一件劳民伤财的事。

事实上，除了后古典主义时期，玛雅文明前期的城市大多没有城墙。考古学家曾经在玛雅潘城外围发现了一道墙，但那时玛雅文明已经开始走下坡路，况且那堵墙非常矮，几乎不能称为"墙"。

蒂卡尔城的城市规划也很有意思。上面我们提到的那些雄伟的金字塔，以及金字塔顶的神庙、城市当中的宫殿等，全部位于城市的中心。主城区由一个大广场和九个建筑群组成，这些都是蒂卡尔城的精华之所在。但是，这些地方几乎没有人居住。原因很简单——当初建造的时候，玛雅人就没有把城市看作给人们居住的地方，他们认为只有神灵和半神才有权力居住在那里。于是，我们惊讶地发现玛雅城市与其他古代文明最大的区别是，拥有庞大宏伟建筑群的地方，基本没有人居住。

距离城市中心较远的小建筑群，则是统治阶级的居住场所，一些贵族和祭司们以及他们的仆人居住在里面。占人口绝大多数的平民居住在城市的郊外。通常情况下，他们并不会被允许去城市里面闲逛，每年只有在特定的几天内，才能到城市里去参观膜拜。每到此时，他们就会带着帐篷去露营，蒂卡尔城的人流也会达到顶峰。

玛雅人的城市其实更像一个宗教中心，建立的目的本就是供奉神明，而不是让人居住。这种状况一直到玛雅文明的后古典时期才得到改善，玛雅潘时期的城市才真正有了居住的功能。而这时，玛雅文明已经接近了尾声。

玛雅人平时有什么好吃的食物

想知道玛雅人怎么称呼自己吗？答案非常有趣，玛雅人称呼自己为"玉米人"，这充分说明了玉米在玛雅人生活中占有重要地位。

前面我们也讲过，正是由于玉米的广泛种植，玛雅文明才由危地马拉的高地发展到佩腾低地以及墨西哥尤卡坦半岛，并最终达到顶峰时期。

玛雅人是幸运的，又是不幸的。幸运的是，他们拥有玉米这种在贫瘠的土地上也能种植的粮食；不幸的是，与中国古代拥有"五谷"这样丰富的粮食作物品种相比，玛雅人就"寒酸"多了，他们几乎只有玉米这一种粮食可以用来填饱肚子。

所以，玛雅人一年四季都在啃玉米。玉米虽然是一种可以填饱肚子的粮食，但是不管玛雅人多么喜欢吃玉米，如果一年到头的主食都是它，总归有点受不了。所以，玛雅人对玉米的烹饪方法进行了拓展，发明了多种多样的吃法。比如，他们把玉米泡在石灰水里，然后研磨成面粉。因为玛雅社会并没有发明铁器，所以他们没有铁锅，只有用陶片制作的平底锅，这限制了他们的烹饪方法。玛雅人想出一种方法，即用火将石头烧红，然后把面粉放在石头上面烙成玉米饼（tortilla）吃，这种吃法在今天玛雅后裔的餐桌上也很常见。

当然，古代玛雅人要想吃上这样一张玉米饼并不是一件很容易的事。当时的农业发展水平有限，再加上玉米粒本身较硬，很难研磨成粉，所以做成饼的难度很大。因此，古代玛雅的玉米面粉非常珍贵。其实这并不难理解，同样的情况在古代中国和欧洲也出现过。在机械动力磨面工具没有面世以前，面粉都是比较珍贵的食材。据说在明清时代的中国，精面粉的价值比牛羊肉要高。而在中世纪的欧洲，一块面包比三倍重量的鱼肉还要贵。在古代中国或欧洲，各地都开有小磨坊，古代人使用牛、马、驴、骡等家畜拉磨加工面粉。在这方面，玛雅人落后很多，他们在家畜饲养方面几乎是空白的。据记载，玛雅人唯一饲养过的动物是狗。狗这种动物平时带着出去打猎可以，但让其去拉磨也太难为它了。换句话说，玛雅人的玉米面粉完全要依靠人力手工研磨。

玛雅人的磨面工具非常原始，只有石质的磨盘和磨棒，而玉米面又被称为磨面界的刺猬——出了名的难磨。通常情况下，如果玛雅人家庭想吃一顿玉米饼，需要全家人工作几天才能备好所有的食材。在这种条件下，古代玛雅人吃不起玉米饼，也不是一件很稀奇的事。

古玛雅时期还有一种叫作玉米糕（tamale）的食物，往往会优先供给贵族或者祭司食用，普通人很少能够吃到。所谓的玉米糕就是一种外面用玉米叶包裹，类似于中国粽子的食物。与中国粽子不同的地方是，包在玉米叶里面的馅不是糯米，玛雅居民用肉、水果、蔬菜等填满玉米叶之后，经过高温蒸熟就做成了玉米糕。这种食物的食用历史已有数千年，在公元前1世纪时期的玛雅壁画上就可以看到它的身影。

另外一种用玉米制作的食物是"玉米粥"（Atol），它是中北美地区一种极其常见的饮品，一般分为两种，一种是甜玉米粥，另一种是酸玉米粥。二者都是用玉米面配着大豆、南瓜做成的。甜玉米粥是用新鲜收获的玉米熬制的，酸玉米粥则是用陈旧的玉米熬制的。这两种饮品当中，前者比较受欢迎，因为新鲜的玉米口感更佳，且比较珍贵——玛雅人通常一年只种两季玉米，能够吃到新鲜玉米的时期也只有几十天而已。

同时，玉米还被制成玉米酒（chicha），在玛雅的庆典活动中扮演着重要的角色。比较有意思的是，虽然玉米酒是玛雅人发明的，却没有几个玛雅人喜欢喝它。相反，它传到南美洲印加文明后，却大受当时人们的欢迎。

此外，玛雅人还有玉米崇拜的情结，他们认为玉米是人的组成部分，甚至把玉米看成一种神灵。在玛雅神话当中，人是神以玉米为材料制成的，这也是玛雅人称呼自己为"玉米人"的由来。

除了玉米之外，玛雅平时最常见的食物是大红豆（common bean），也被称为菜豆，可以与玉米一起烹制，二者相辅相成，形成一种独特的味道。大红豆富含淀粉，将它们磨成酱，就是深受玛雅人欢迎的各种煎饼馅料。

在蔬菜水果方面，玛雅人主要种植辣椒、南瓜、牛油果、香草、Loroco菜以及西红柿等作物。此外，从野外采集的蘑菇也是玛雅人餐桌上的最爱。这其中有很多作物后来传到了中国，但用途发生了很大改变。比如说辣椒，在古代玛雅并非一种蔬菜，而是贵族才能享用的调味品，玛雅人甚至用它作为药品来治疗咳嗽、哮喘。

玛雅人的西红柿也比较独特。他们的西红柿并不是今天我们在超市蔬菜专区看到的那种非常大的果实，而是类似圣女果那样的小西红柿，味道香甜，非常可口。

肉食方面，玛雅平民平时基本上吃不到什么肉。玛雅人并不以狩猎为生，除了狗之外，玛雅人基本上不养什么牲畜，所以他们的肉食几乎来源于野生动物——森林中的鹿、野猪、鸟类以及湖泊河流中的鱼。另外，玛雅人还吃狗肉。作为唯一被他们驯服的动物种类，狗有时候被用来祭祀，有时也被当作肉食吃掉。到了后期，他们终于开始驯养火鸡，但是饲养范围不大，历史也不长。值得注意的是，玛雅社会中为数不多的肉食几乎都进献给了统治阶级，普通人很少能吃到。

还有，在中美洲流传的神话传说中，人类曾经经历过四个不同的文明时代，其食物各有不同：在第一个时代，人们的食物是根茎和野果；在第二个时代，松子和橡子取而代之；在第三个时代，人们的主食是一种生长在水中、类似玉米的谷类作物；而第四个时代的主食就是玉米穗。

而且，玛雅人认为，在神将玉米赐予人类之前，人类的主食是一种生长在树上的叫作"面包果"的植物。面包树在当地语言中也被称为玉米树，如果当地的玉米歉收，人们就会把面包果当成自己的主食。

玛雅人的特殊特产——可可豆与烟草

可可豆（Cocoa）在玛雅社会的食品乃至社会体系中，都是一个不得不重点指出的存在。它在玛雅人的生活中占据了非常重要的地位，这种地位又不同于玉米在粮食体系中的主导地位。可可豆之所以特殊，是因为它不仅是一种食物，还是一种流通的货币。

可可豆原产于中美洲的一种植物——可可树上，很久以前就被人拿来制作巧克力。根据一些资料的说法，考古学家早在公元前 2000 年左右的墨西哥遗址中就找到了可可饮品的残留物。

玛雅人主要用可可豆来制作两种饮料，一种叫作热巧克力，一种叫作热可可。玛雅人非常喜欢这两种饮品，考古学家曾经在里奥阿苏尔等地的玛雅墓葬中发现了一个刻有可可字样的陶器，估计就是古代玛雅人用来盛可可饮品的。

考古学家们还原了玛雅人的巧克力制品的制作方法。根据他们的说法，玛雅人制作的巧克力并不是我们今天吃到的那种固体巧克力。他们首先把可可豆做成巧克力酱，然后放进水里，制成一种饮料。这种饮料虽然味道比较苦涩，但具有醒脑提神的作用。

另外，古代玛雅人还把可可与辣椒磨制成酱，制成一种辣味的可可，成为一种风靡一时的酱料。

当然，可可豆在玛雅社会中并不仅仅是一种食物，还有流通货币的功能。当时的玛雅社会还处在石器时期，并没有制造货币的技术。而且，玛雅地区与古代中国不同，没有金属矿藏，也就无法使用金银等贵金属作为流通货币。早期的玛雅人基本没有金银珠宝的概念。以现代人的价值观来看，当时在玛雅社会里最珍贵的东西是玉石，且其数量也不是很多。所以，玛雅社会的货币流通方面出现了一个断档。因为可可豆使用广泛，具有一定的交易价值，所以其在玛雅社会便成为一种流通的货币。玛雅人可以拿可可豆来买东西，这与古代中国曾经用贝壳当作货币具有异曲同工之妙。

玛雅当地还有另一种大名鼎鼎的特产，那就是烟草。众所周知，烟草最早发现于美洲，而玛雅人很早以前就开始对烟草情有独钟。

最初的时候，玛雅人把香草与烟草混合在一起丢进嘴里，就像嚼口香糖一样咀嚼。后来他们发现这种食用方式实在是味同嚼蜡，就开始改进食用方法。玛雅人在树林里找到一些大的芭蕉叶，将烟草磨碎之后包进里面，一支最原始的雪茄就诞生了。后来，玛雅人把烟草研磨成粉，混合当地特产木薯粉，就制成了最早的旱烟。再后来，玛雅人发现另一个问题——光有烟丝，没有烟斗怎么行？于是，玛雅的老烟枪们又动用自己的聪明才智发明创造，制造了各种各样的烟斗：有陶土材料的，有石头材质的，甚至还有玉米芯材料的。直到现在，这种玉米芯烟斗还在美洲广泛使用。据说二战日本投降后，麦克阿瑟将军飞去东京受降时，还专门带着一只玉米芯烟斗。

另外，还有一件事情是你无论如何也想不到的：古代的玛雅人居然会吸毒！他们从癞蛤蟆的身上提取一种能够引起幻觉的毒液，然后与烟草磨碎之后的粉末一起丢在水中，再丢进一些可可粉、蜂蜜、毒蘑菇、天然香料等，将它们融合在一起后装进一种非常细长的陶瓶里，摆在集市上高价售卖，这也许就是最早的毒品吧。

为什么玛雅没有一个统一的强大帝国

在历史学界，玛雅人一直被称为"美洲的希腊人"。历史学家经常把玛雅人和古希腊人相提并论，这是因为二者都有一点与其他文明不同——都没有建立一个强大的中央集权帝国。古希腊这个概念并不是指一个国家，而是指一个地区。同样，在玛雅文明的历史长河中，我们也找不到任何大一统玛雅帝国出现的证据。相反，玛雅文明的历史典籍中记载，在玛雅大地上，有很多彼此独立的城邦，古典时期的尤卡坦半岛东部就有100多个独立的城邦同时存在着。

目前，史学界对于玛雅城邦的存在方式还有争议。因为从出土的文物来看，不管是玛雅遗址的建筑群，还是陶器等日用品，其风格都经历了一系列的变迁，但玛雅人的社会始终稳定。这说明，玛雅社会里一定存在某种共同的联系，使得他们的社会秩序以及人们的意识形态领域一直保持着统一性，没有分化成多个民族。

要达到这种状态，出现一个统一的中央集权国家似乎更容易实现。令历史学家们感到疑惑不解的是，玛雅文明古典时期那100多个城邦是怎样做到相敬如宾、不相来往的呢？以古代中国为例，战争基本伴随着整个中国的古代史，"天下大势，分久必合，合久必分"已经成为一条定律。这条定律不仅适用于中国，几乎世界上所有的古文明都处于战争的威胁之下。但这条定律对古典时期的玛雅人完全失效。历史记载，在北方的墨西哥人没有南下之前，具有上百城邦的玛雅社会仅出现了几次零星的战争（也有说法是大约公元8世纪前后玛雅地区出现了大规模战争），这实在是令人费解。

历史学家们认为，一个影响范围很大的文明，如果要它的人民始终保持着同样的人生观、价值观、宗教观，最好的办法就是出现一位非常强大的统治者，建立一个强大的中央集权国家，然后通过几百年的融合才有可能实现，就好像中国的秦始皇、康熙皇帝等。尽管不少考古学家认为玛雅文明时期也应该出现过这样伟大的帝王，但目前还没有找到任何证据证明有过这样一位中央集权的统治者。那么，玛雅人到底是怎样做到保持高度一致的共同认知感的呢？很多历史学家把这归于玛雅社会宗教力量太强大。玛雅社会存在一种罕见的神权政治，玛雅祭司们可以控制整个玛雅地区人民的思想，使之不发生激烈冲突。

这种说法到底有多少准确性，我们不知道。事实是，当玛雅文明到达顶峰时，下辖的各个城邦也都忙着建设自己的物质精神文明，毫无发动战争抢夺资源的打算。这种情况一直持续到墨西哥托尔特克族人南下征服尤卡坦半岛时才发生了改变。

而当西班牙殖民者攻入玛雅地区时，玛雅地区已经陷入内战的深渊。玛雅各城邦因为抢夺俘虏、贩卖奴隶或者祭祀用的祭品，爆发了很多次战争。这也使得西班牙基本没有受到什么大型抵抗，就占领了已经四分五裂的玛雅地区。

关于玛雅地区没有出现一个强大的统一国家的原因，历史学家们有以下观点。

首先，玛雅地区没有金属文明。西班牙人踏上玛雅人的土地时，玛雅人基本上还处于石器时代，就连青铜器工具都没有。与之相对应的古代中国，早在殷商时代就已经有了青铜器。而如果没有金属，就不能制造出先进的兵器，所以在发动战争方面也就失去了先天的优势。如果单纯就几个人拿着石头丢来丢去，这种仗根本打不下去。可以说，武器的匮乏使得任何一个部落都没有统一整个玛雅地区的能力。

其次，玛雅地区的农业技术落后。虽然玛雅人在建筑和天文上取得了令人瞩目的成就，但在农业方面，他们的水准只是幼儿园水平。他们所能种植的农作物只有玉米，而且采用的是刀耕火种的方式。所谓刀耕火种，是指用非常简陋的工具收割，收割完之后就放一把火把残存的玉米秸秆烧掉，然后在灰烬中继续耕种。这种耕种方法十分落后，需要大批的人力。当时玛雅部落的青壮年劳动力，每天光是想办法种地填饱肚子就已经精疲力尽了，根本没时间去打仗。

最后，也就是上文说到的，玛雅地区的祭司们能够控制住局面，往往会在战争爆发之前，将其消弭于无形之中。如果仗打不起来，自然不会出现一个大一统的中央集权国家。

[神话传说：玛雅文明中的英雄世界]

美洲人的圣经：《波波尔·乌》

说到玛雅神话体系，现在我们得到的大多数资料都出自一本玛雅人的手稿，这部手稿的名字叫作《波波尔·乌》（Popol Vuh）。

《波波尔·乌》又被称作"基切书籍"，是当时玛雅基切人记录南部地区日常生活最为完备的图书之一。其保存下来的部分，对于研究当时玛雅社会的社会形态有着非常宝贵的参考作用。比如，书中对于古代玛雅的宇宙起源学说、宗教、神话故事、移民历史以及基切的历史，等等，都有详尽的表述。《波波尔·乌》中记录的地域大概位于基切和科克奇奎尔之间的危地马拉高地，全书用西班牙字母将原本使用基切和科克奇奎尔两种语言流传的玛雅古代文明故事记录下来，修订成书。全书文笔优美，内容却暗示了西班牙殖民者入侵造成的基切文化的幻灭之路。

当年，西班牙殖民者在征服了危地马拉之后，开始全面禁止使用玛雅文字。他们以传播天主教为手段，大力推进拉丁文字的普及。不过，这一行为遭到了玛雅社会的抵制，一些玛雅的知识分子——祭司和书记们，偷偷地用玛雅文字抄写了一些古老典籍，其中就包括这一本《波波尔·乌》。

1702年，一位叫作弗朗西斯科·谢梅内斯的神父在危地马拉一个名为奇奇卡斯德南哥的小镇发现了一份《波波尔·乌》的手抄本。当时，几乎所有的西班牙传教士都认为玛雅人的宗教是邪恶的，对其采取的态度大多是斩草除根。如此看来，这本手抄的《波波尔·乌》很难逃脱被焚毁的命运。幸运的是，谢梅内斯神父并没有这样做。他不但没有将之烧毁，反而费时费力地抄写一份后，又把它翻译成西班牙文，《波波尔·乌》终于重见天日。

不过，这部书也是命运多舛。谢梅内斯神父的手抄本与翻译本并没有在一开始就流传开来，反而被丢弃在危地马拉市圣卡洛斯图书馆的一个角落。直到1854年，布拉苏德·波尔博尔格和卡尔·苏尔泽尔终于在角落里捡起这部笔记。布拉苏德和卡尔如获至宝，马上开始研究，并且在几年之后出版了法文与西班牙文的译本，从此《波波尔·乌》这本玛雅人的传世经典开始流传于世间。此份手稿现保存在芝加哥的纽伯利图书馆。

经过考古学家们的研究，《波波尔·乌》完书于1544年，书中包括玛雅的创世起源、人类诞生的神话传说，以及基切部落兴起过程中的英雄故事，还有历代基切统治者的家谱、族谱、系谱等。它是一部记录了基切民族神话故事和历史传说的巨著，书中认为基切地区的居民是南部高地中最有力量的人种，集中表现了古代玛雅人对于大自然、人类命运的乐观态度。

《波波尔·乌》共分为以下几个部分。

第一部分主要描述了世界的建立以及玛雅人的起源，也解释了玛雅众神在创造四个不同世界期间对地球生物所做的调整。据说，一开始的时候，除了创世神与辽阔的天空、茫茫的大海之外，世界上什么都没有。于是，身上有蓝绿两色羽毛、居住在水上的创世神创造了大地和山川，后来又创造了植物与人类。

第二部分讲述了玛雅双胞胎英雄乌纳普（Hunahpu）和斯巴兰克（Xbalanque）的英勇事迹。这一对双胞胎兄弟是玛雅传统球赛的伟大球员，当魔鬼以及那些黑暗神向人类发起挑战的时候，兄弟二人齐心协力，在玛雅球赛中击败了他们。这一部分的讲述严肃中又颇具趣味性，主要记载了英雄与恶神的战争、对坏人进行的惩罚，以及水灾和瘟疫等。

第三部分讲述了玛雅社会印第安人的起源，一些帝王、贵族的族谱以及更替，各种战争的征战情况等，对于研究玛雅社会和玛雅历史有着重要的参考意义。

在哥伦布到达美洲大陆之前，玛雅人的陪葬陶器上经常会有以玛雅文字雕刻的《波波尔·乌》的些许内容及故事情节。而《波波尔·乌》当中记载的故事，一般都在玛雅人中以民间传说的形式流传，直到今天依然被玛雅人的后裔口口相传。

《波波尔·乌》这部作品充满了想象力。比如说，书中曾经提到有一棵百年的大树，它开花后所结的果实能够让姑娘怀孕。还有两兄弟想到树上去抓鸟，结果因树越长越高无法下来而变成了猴子。另外，书中还有用葫芦做成人头移植到人身体上的描写，的确是脑洞大开。

《波波尔·乌》是玛雅文明不朽的传世经典，现代人把它称为"美洲人的圣经""玉米人的圣经"。考古学家们将其视为中美洲乃至世界文学宝库中最古老、最优秀的著作之一。以其为代表的玛雅文明作品是古代印第安人的杰作，原本应该是人类文明史的重要组成部分，但是西班牙殖民者到来后，野蛮地摧残当地文化，致使玛雅文明遭遇了空前的浩劫——数千种典籍被付之一炬，大量具有丰富传统知识的祭司被杀害，以致玛雅文明残缺不全。

正因如此，幸存下来的《波波尔·乌》的地位就显得更加重要了。考古学家们通过分析其中记载的玛雅人神话，对古代玛雅文明的概况进行反向推测，试图揭开那个高度发达、诡异莫测的玛雅社会的秘密。

创世神话（一）：神造万物

所有的古代文明都有自己独特的创世神话。创世神话中应有两个因素，一个是本民族的创世神，另一个就是原始人类的创造过程，二者缺一不可。

比如说，我们中国就有"女娲造人"的传说。据说女娲因为一个人比较寂寞，于是就用泥土按照自己的样子创造出人类，并且教男人和女人彼此婚配、繁衍后代。所以，她被称为中国的始母神。

在西方的传世经典《圣经》中，上帝在第一天创造了光，第二天创造了空气，第三天创造了天、地和大海，第四天则创造了各种植物，第五天创造了季节，第六天创造了各种动物，第七天终于创造出人类。

相对来说，玛雅人的创世神话对人类起源的描述则较为复杂一点。玛雅神话认为世界曾经经历了几个轮回，每个轮回最后几乎都会因洪水泛滥而结束。他们甚至认为，我们现在所处的这个世纪也会如此灭亡。

玛雅人的神话观念中有几个方面值得细讲一番。他们认为最初的时候，世界一片黑暗混沌，后来玛雅的创世神创造了太阳和月亮，并且用泥土来造人。玛雅人还认为世界一共有十三重天与九层地，其中大地被巨鳄驮在背上（巧合的是，中国神话当中也有神龟驮地的传说）。另外，时间是玛雅人宇宙观、人生观的一个非常重要的组成部分。这也体现在玛雅神话当中，他们把时间看成相对循环的，这在世界其他古代文明中极为少见。

对于人死之后去了哪里这个问题，不同民族的玛雅人见仁见智。尤卡坦等地的玛雅民族奎克人生性悲观，认为人死之后将下到九层地狱。而同为玛雅民族的拉堪顿斯人个性比较光明，相信人死后可永远生活在天堂，这天堂位于地球之上的某处，是一个无忧无虑的富庶之地。

在创世神话方面，玛雅神话中的人类起源跟中国的神话相比，较为复杂，一共经历了四次调整才被玛雅的诸神认可。而在创造世界方面，玛雅人神话与天主教的七天创世有异曲同工之妙。

在玛雅神话当中，诸神一共进行了六次创造（其中四次为创造人类），方才有了现在世界的雏形。

在最初的世界，地球是一个没有生命的星球，既没有花草树木，也没有飞禽走兽，整个世界笼罩在无边的黑暗中。创世神觉得这样不好，就开始了创造整个世界的工作。

他们第一批创造的事物是广阔的天地和郁郁葱葱的树木。根据玛雅人的记载，众神创造完这些后说道："第一创造物已经大功告成了，在我们的眼前，一切都像图画一般美好。但如果只有树木孤苦伶仃地生长，看着自己形单影只，实在是太过冷清、死板了，我们应该再创造一些事物，为植物们配上一些能够活动、在它们旁边走来走去的园丁和仆人。"

于是，众神就完成了第二批创造物——各种各样的动物。完成这些之后，众神又发现了不足，他们说道："这些动物的声音太难听、外形太难看、智商太令人着急，所以还要进行一次改进，必须加以弥补。你们这些动物既然被创造出来，那么就去过比较低等的生活吧！将会吃不同的食物，彼此之间无法和睦相处，要相互防范，时刻担心着报复和饥饿的来临；你们必须寻觅藏身之地来隐藏你们的愚笨和恐惧，你们必须这么做，否则将会被其他动物的种群吞噬。你们还要知道的一点是，因为你们不能够说话，不明白我们身份的尊贵，也无法理解我们的话语，所以你们的肉注定将被宰割，注定会被吃掉。你们之间将会自相残杀、相互攻击、毫不留情。我们为你们选择一条非常公正的道路，你们要时时刻刻遵守这个规定。"

然后，众神为各种动物指明了生活的方向。首先他们指着陆地上的动物说："你们，牲畜！你们，动物！你们将会在河里饮水，在洞穴中睡觉，每天低下脑袋并用你们的四肢走路。在白天，你们必须靠自己的嘴巴四处寻找食物，用你们的背来驮东西。对于上天的安排，你们不许有抵触情绪，不许有反抗的行为，也不能显示出精疲力尽的样子。如果违反，你们将会被宰杀。"

众神又为有翅膀的鸟儿指明了方向："你们，鸟儿！你们将会栖息在树上，飞翔在无边无际的空中。只要你们振翅高飞，那高高的云层，透明的天空，任你们翱翔，绝对不必害怕跌落。只是，你们不能够在下面长时间停留，否则将会成为地面上动物的猎食目标。"

最后，众神来到水边，对鱼儿说道："你们，鱼儿！你们将会在江湖河海等一切有水源的地方游泳，而且你们不必怕会淹死和沉没，只管尽情地戏水。但是要记住，你们不能爬上岸，否则必将死去。"

众神对动物们进行了最终的指示："你们这些动物！我们就这样安

排你们的未来，你们务必竭尽全力去觅食和繁殖。而且，你们的后代也跟你们一样，务必一丝不苟、准确无误地学会你们的本领，承袭你们的模样！只有这样，方才能够在这世界生存下去！"

就这样，经过前两次创造之后，地球上除了人类以外，其他事物也被众神创造出来。这之后，众神开始了四次造人之旅。

创世神话（二）："玉米人"的曲折诞生

通过《波波尔·乌》的记载，我们发现玛雅众神是一群非常能折腾的神明——他们在不同的周期或世界当中不停地创造事物，创造完后又觉得不满意，于是又下手毁掉他们。

上文说到，在世界的上一个周期中，玛雅人的神明制造了各种各样的动物，但是当他们发现这些动物的智商"令人着急"的时候，就把它们定义为低等生物，让它们自相残杀，成为肉食的来源。

然后，特别能搞事情的玛雅众神开始创造有智商的人类。他们用泥土制造了第三批创造物，也就是第一代人类——泥人（这里与中国神话中的女娲造人有异曲同工之妙）。

众神创造完泥人之后，很快就后悔了，因为他们发现泥人这种生物从诞生起就是一种错误：泥人们非常娇嫩，一不小心就会摔成碎块。此外，他们没有办法用流畅的语言交流，也无法实现供奉神的行为。

众神于是对泥人们说："你们也是失败的作品，你们虽有智慧，却不会说话、不会表达。不管怎样，你们先在这个地球上生活下去吧。你们身上缺陷太多，暂且活着，等我们创造出更完美的人类来取代你们。你们现在必须靠自己的双脚去爬树，靠自己的双手去采摘成熟的果实来存续生命。在你们等待被取代的时期内，你们必须竭尽全力为生存、繁衍和改良你们的人种而斗争。你们想知道会被什么样的人类取代吗？我们将会创造出更高级的人类，他们能说、会听，可以明白彼此间表达的意思；他们懂得向我们祈求保佑，知道我们是无所不能的神，知道我们自始至终存在且掌控一切。"

后来，众神觉得泥人太失败了，于是制造了大洪水，将泥人们从地球上抹掉了。

这之后，他们又完成了第四批创造物，也就是木人（第二代人类）。木人就是用树木制造的人类，众神原本认为这是比较高等的作品，但这种生物的缺点也很快暴露无遗：木人们的身体毫无协调性，关节常常变形、变弯；木人们虽然有智慧，但是在相互的交流中并不出色，只是为了繁衍而去繁衍；木人们没有心脏，所以不懂得进行感情交流；特别令众神恼火的是，木人们不知道感恩，感受不到令他们降生的众神的恩惠。他们只知道沿着森林和山脚下的开阔大道向前行走，只懂得在河床边胡乱转悠，只知道采摘野果过活，却不懂得自力更生地播种粮食。他们就是游手好闲、浪迹天涯、整天无所事事的被遗弃的人。

令众神生气的是，这些木人似乎只知道为了生存去消耗神所创下的一切，他们不断地索取神创造的植物与动物，而不懂得通过自己的双手去种植粮食、饲养牲畜，创造自己生活所需要的一切物品，也就更加谈不上向神奉献。他们平时走路总是跌跌撞撞，好似行尸走肉一般。他们也不知道自己从哪里来，身在何处，要向何处去。他们只是机械地跟着食物的来源而东游西荡，居无定所。

经过了漫长的时日，木人们依旧只知道呼唤神的名字，却完全无法领会其威严。只有在饥饿或身处绝境时，他们才会滥呼神的名字，却从未把众神们的意志联系在一起。他们虽然能够讲话，也能够明白话中的意思，却口齿不清、词不达意，体现不出一丝一毫的感情。

另外，木人们没有心脏，所以没有坚强的心智，虽然其拥有灵活的双腿和强有力的双手，但这些反而成了他们的累赘。他们不思进取、自私自利，就如同机器人一样繁衍了数代，最终苟活了下来。与前面的泥人相比，他们命中注定不是众神想要的高等人种。在他们还寄希望于继续生存的时候，众神剥夺了他们求生的最后一线希望——召唤大量从天而降的尘埃，如同一只只巨手在操控，猛烈而持续不断地降落在木人身上，将他们生存的希望一丝丝抽离。后来，众神又故技重施，使大地陷入一片汪洋当中，四处肆虐奔涌的洪水冲毁了河床、道路和森林，一连持续了数月之久，地球上生存的所有木人灭绝了。

木人们被抹杀后，众神创造了第五批创造物——新木人，这已经是第三代人类了。

据说，众神用一种叫作"坦而特"的树木造出男人，用一种叫作"埃斯布达尼亚"的树木造出女人。但是，这些新木人依然不知感恩神明，所以还是不合挑剔的玛雅神明的心意。为此，他们派出一只叫"斯科特科巴"的巨鸟从天而降，啄了新木人的眼睛。紧接着，又派出一只叫"科特斯巴兰"的猫去抓他们的身体，撕他们的血管，弄碎他们的骨头，竭尽所能地毁灭他们。然后，神明们又派其他猛兽赶来，对这些新木人赶尽杀绝。紧接着，各种各样的天灾人祸接踵而至——天地无光、黑暗降临，大地一片惊慌失措，仿佛一块肮脏的大黑布笼罩了地球上的一切。

新木人吓坏了，他们惊恐万分，四处逃窜，惊慌失措之下自相践踏。他们爬上屋顶，整个房屋坍塌；他们爬上树顶，强壮的树枝折断；他们钻进洞穴，洞穴瞬间土崩瓦解。莫名的恐惧与绝望使得他们自相残杀。这次浩劫致使新木人几乎绝迹，只有少数逃进了深山。他们失去了语言能力，不再具有高智商，最终变成猴子，在地球上苟延残喘。于是，今天的玛雅民族基切人认为，猴子是这片土地上唯一能够让人联想到原始人类外貌的动物。

玛雅神话当中那些反复折腾的神明，孜孜不倦地进行着实验。只有人类出现了，神灵才能得到应有的供奉，天上的太阳、月亮和星星才能出现。最终，他们制造出第六批创造物——玉米人（第四代人类）。

所谓的玉米人，其实就是玛雅人对自己的称呼。玛雅人认为现在所有世界上的人，都是玛雅众神用黄色和白色的玉米面团捏合而成的。他们造就了新人的肉体，也铸造了新人的个性。他们用玉米苗做成人的血肉，用芦苇做成人的骨骼，由此出现了焕发出旺盛精力的人体。

最初，神明们只造出四个有高等智商的人类。他们身体强壮、四肢灵活，被赋予了非常旺盛的活力；同时因为神明的祝福，他们会独立思考，善于讲话和倾听，有敏锐的感觉。最重要的一点是，他们具有灵性和才智。

当神注视他们的眼睛时，能够看出他们的眼神里流露出诚挚自然的感情，懂得向创造了一切的众神表示感激和敬畏；他们勤劳善良，知道与自然携手前行，并且愿意学习知识，用自己的双手种植粮食、创造财富，并懂得回馈。

至此，挑剔的玛雅众神终于创造了一个完整的世界。

洪水灭世，玛雅人的宿命情结

玛雅神话认为，我们所处的世界曾经历了几个时代，而差不多每个时代都是因洪水泛滥而结束的。在玛雅的神话体系当中，天神伊特萨姆纳与月亮女神伊斯切尔这对夫妻在发洪水这个事情上体会最为深刻。

说到发洪水，不得不提到玛雅人的世界观与宿命论。在玛雅人的传说中，起初世界完全处于黑暗之中，后来创世神创造了玛雅众神，然后是日、月，最后创造了人类。

他们认为世界共有十三重天与九层地，大地则是依存在巨鳄的背上。在玛雅人的宇宙观中，世界是一种水平世界和垂直世界相互作用的复杂结构，其中垂直世界被分为三大领界。

首先，太阳以及其他星球位于天空的区域，这个区域被称为上界。上界是神明们活动的地方，他们的神谕就是从这里下达的。而地球上的人类死去之后，就有一些人可以通过银河进入上界。

在上界的下一阶层是中界。这个界面是一个类似于五瓣梅花的空间，由四个世界构成。中界是一棵巨大的、枝叶茂盛的木棉树，树枝上栖息着一只圣鸟。神明们通过这里降临人间，而人间的居民死后则通过这里进入上下界。

玛雅人认为，中界的下面存在着一个超自然之力的领域，就是所谓的下界。下界一共分为九层。从一些玛雅人的记载中我们得知，下界如同我们所说的阴曹地府一般，是个腐朽和疾病并存的地方。玛雅人认为那些自然死亡的人最后都会来到这里。

但是，这个三重结构的宇宙并不能永远存在。玛雅人的传说中存在着一种根深蒂固的宿命论，即世界最终都逃脱不了毁灭的命运。他们相信，不管如何发展，世界最终还是会被洪水吞没。在他们的经典著作《波波尔·乌》中，曾有这样关于大洪水的描述："发生了大洪水……周围变得一片漆黑，开始下起了黑色的雨。倾盆大雨昼夜不停地下……人们拼命地逃跑……他们爬上房顶，但房子塌毁了，将他们摔在地上。于是，他们又爬到树顶，但树又把他们摇落下来。人们在洞窟里找到避难地点，但洞窟塌毁夺去了人们的生命。人类就这样灭绝了。"

科学家们对玛雅神话中的洪水传说非常感兴趣。玛雅人认为世界的大周期会因滔天洪水而结束，古代神明曾经数次用大洪水消灭地球上的人类。这些观点看上去也许有些荒诞不经，然而现代科学研究发现，地球上或许真的有过数次生物灭绝的历史。以西蒙·康韦·摩瑞斯——一位世界著名的古生物演化领域的教授为首的剑桥大学的科学家们，最近从古代的生物化石中发现一些新情况。他们认为："地球自从寒武纪以来，生命似乎重复着创造—毁灭—创造的过程，而且极有可能重复了四次到五次。"

根据他们的研究，地球在历史上曾经出现过数次生命的繁荣昌盛期，然后这些生命体又匪夷所思地从地球上迅速销声匿迹。接着，毫无生机的地球继续等待了上百万年的时间，直到新的生命再次诞生。这个观点，与玛雅人的创世神话极为类似。

至于玛雅人认为的生命灭绝的原因——滔天大洪水，科学家们也对其进行了一系列考察。

说到大洪水，世界上几乎所有国家、民族的传说中都曾涉及。比如说，《旧约·创世纪》中曾经说，上帝觉得世界上的人罪恶极大，于是使用大洪水将天下地上有血肉、有气息的活物全部淹死。人类之所以没有灭绝，是因为有些好人乘坐挪亚方舟逃过了一劫。

在我国的神话传说里，水神共工和颛顼发生了战争，共工败给颛顼后恼羞成怒，撞折了支撑天空的不周山，天被捅了一个大窟窿，于是出现了滔天的洪水。这场洪水带来的损失十分惨重，直到大禹时代才完全平息。

在苏美尔人的神话中，风之神与众神之王恩尼尔觉得人类吵吵嚷嚷，于是放出洪水、干旱和瘟疫来消灭他们。跟《圣经》类似的是，一些人根据神的指示乘船逃离，保存了人类的物种。

这些神话故事中不约而同地提到了史前大洪水，引起了科学家们的兴趣。有些科学家经过研究后认为，在距今7000年前，全球的确经历过一次海平面大幅上升的遭遇，海平面上升平均超过1米。这一次海平面上升致使不少陆地都被水淹浸，这可能就是大洪水的来源。

20世纪60年代末70年代初，两条美国海洋考察船曾经对玛雅人聚集地附近的墨西哥湾海底进行了一次钻探考察。科学家们从海底采集到具有上亿年历史的沉积泥芯，并在距今1万年左右的沉积层中发现了大量"有孔虫"的甲壳。科学家们通过研究之后发现，这些有孔虫的甲壳中蕴含的海水盐度较低。这一发现使得科学家欣喜若狂，因为这意味着在这些有孔虫生活的年代里，墨西哥湾海水中的盐度很低。科学家们解释说，墨西哥湾海水盐度变低的唯一原因就是当时可能有大量的淡水涌入墨西哥湾，从而稀释了大洋中海水的盐度。那么，这些淡水是从哪里来的呢？科学家们推测，这股突如其来的淡水可能就是史前那场大洪水。

其实，大洪水的迹象并不仅仅出现在墨西哥地区。20世纪以来，在我国的华南地区、德国、法国等，各国地质学家不约而同地发现了某段时间内地球曾经发生过一场巨大的海啸的地质证据。他们认为，海啸发生在距今1万—3万年。这次海啸或许就是神话中大洪水的起因。

玛雅神话中的众神谱系

与其他古老文明一样，玛雅人也有自己的神话体系。当然，对于玛雅人的神话系统，考古学界也有很多不同的说法。

我们选择了其中一种比较详细的体系，来介绍一下玛雅神话体系。

首先，我们来看一下"伊特萨姆纳神族"，这个神族囊括了玛雅大部分的主神，如下：

创始神乌纳布·库（Hunab Ku）：乌纳布·库也叫乌纳布，是这个世界的缔造者，但玛雅人并不是太买这个神的账。大多数的玛雅人认为，这个神没啥作用，平时也就是在神龛占个位置。

天神伊特萨姆纳（Itzamna）：这个神才是玛雅神话体系中的龙头老

大。而且，这位龙头老大的形象还真的跟龙有点相似。在所有玛雅人信奉的神中，龙形的伊特萨姆纳的地位最尊贵，他被认为是玛雅众神之首，被称为"天堂之主"，负责领导着其他神明。他的职责是"夜晚与白天之主"，是玛雅祭司们的守护神，同时也被认为是玛雅文字的创造者和科学的传播者。

雨神恰克（Chac）：雨神恰克是玛雅神话中另一个地位非常崇高的神明。前面我们提过的奇琴伊察有一口"献祭之井"，其献祭对象就是雨神恰克。由于玛雅人生活的地区水源供应非常紧张，他们寻找聚居地的首要条件就是看水源，因此玛雅人对雨神有着特殊的感情。

玉米神尤姆·卡克斯（Yum Kaax）：玉米神的地位也非常高，在玛雅人的神话崇拜系统中是排名第三重要的神，他象征着生命、繁荣和富足，是一位正面的神。

太阳神克尼切·阿瓦（Kinich Ahau）：有一种说法是，尼切·阿瓦发明了玛雅的历法与文字，而且他有时会以药神的面目出现在人世间。

月亮女神、分娩和纺织女神伊斯切尔（Ixchel）：她代表生命，跟希腊神话中赫拉的地位差不多，是玛雅主神伊特萨姆纳的妻子。

蟾蜍形地母神玛诺（Manol）：据说她是创造了世间万物的大地之母，同时也是自然与动物的守护神。

羽蛇神库库尔坎（Kukulcan）：这是玛雅神话系统中地位比较重要的神，其形象与中国的龙非常相似。

战神和风神乌拉坎（Huracan）：他是风和雷电的主宰者，也是战斗和智慧者的庇护者。

北方冥府死神阿赫·普切（Ah Puch）：跟其他文明的神话体系一样，

死神普切在玛雅人的心目中是反面形象，常与战神和人祭神一同出现。

南方女神赫诺克拉（Hekucnoal）：通常的艺术形象是位身穿珠裙、头戴王冠的女性神明。

北极星神萨曼·埃克（Xamah Ek）：萨曼是玛雅人的经济之神，被称为商人的向导，是一位善神，地位跟我国的财神类似。

战斗首领神埃克·丘亚赫（Ek Chuah）：传说丘亚赫有两张脸，一张脸是善神的形象，另一张脸是恶神的形象。

自杀女神伊斯塔布（Ixtab）：与其他文明不同，玛雅神话中传说自杀的人可以直接进入天堂，伊斯塔布就是那些上吊结束自己生命的人的守护神。

这个体系是古代玛雅人最推崇的，基本上可以认为是玛雅神话的神谱。当然，据说玛雅神话中还存在着其他体系。

比如，在"伊特萨姆纳神族"体系之前，玛雅人还有另一个神族体系——玉米神族。玉米神族体系也可能是玛雅神话中存在的第一个体系。该体系中，玉米神尤姆·卡克斯是最重要的神明。由于年代太过久远，资料很少，我们只知道这个神族的主要成员：

1. 尤姆·卡克斯（Yum Kaax）：在这个体系中，尤姆·卡克斯是众神之王，其他四位神分别创造了水、土地、天空和天堂。而位居中央的玉米神尤姆·卡克斯自封为王；

2. 天神沃拉冈（Alaghom）；

3. 地神古柯曼提斯（Gucumatz）；

4. 水神图佩乌（Tepeu）；

5. 火神托肖（Tohil）：火神是安克比特斯山部落的守护神；

6.狩猎神扎马尔冈（Zotzilaha）：他的外形就好像一只吸血蝙蝠，有一双尖利发亮的爪子，弯曲而有力；他的耳朵被一种啮鼠咬过；他的牙齿雪白，尖锐而锋利。

在玛雅文明的后期，玉米神族逐渐被伊特萨姆纳神族所取代，但玉米之神尤姆·卡克斯依然受到广大玛雅民众的崇敬。

在玛雅神话当中，还有一个神族系统叫作"卡门普斯神族"。这个神族系统承接了玉米神族体系，其神的威严性加强了很多。在这个系统中，众神之王是柯穆·卡门普斯，主要成员有：

1.众神之王柯穆·卡门普斯：在玛雅神话中是一切神祇的创造者；

2.智神斯凯尔：斯凯尔是距离雅赛姆河谷不远处克拉玛特沼泽地王国的众神首领。传说，如果他手下的众神想从泥沼中出来，到大陆游览，就会变成诸如羚羊、小鹿、狐狸、狼、秃鹰和鸽子以及其他飞禽走兽的模样；

3.怒神劳：怒神居住在劳·拉那山顶的圣湖之上，统治着那里的众神；

4.大力神拉克：劳·拉那山众神之一，传说他拥有一双无坚不摧、强壮有力的巨臂，常年生活在山下深碧的湖水之中，负责看守圣湖。他的手很长，只要一伸手就可以伸到圣湖四周耸立的山岩上。如果有人胆敢窥探圣湖，拉克可以把任何一个神明拖入湖底，将其击杀在圣湖之内。

传说智神斯凯尔与怒神劳曾经和睦相处，同为众神之王柯穆·卡门普斯的左右手。后来有一次，二者的手下因争论智神和怒神谁更勇武而起了争执，最后演变成一场战争。双方的实力相差无几，这场大战打得昏天暗地却难分胜负。

经过一系列战斗，战争的天平终于开始发生倾斜。智神斯凯尔的沼泽王国虽然动物众多，但是无法抵挡怒神劳从天而降发动的攻击。最终，智神斯凯尔兵败被杀。怒神劳将斯凯尔的心脏挖出，然后回到自己的劳·拉那山大摆宴席。他在宴席上昭告天下，要举行一场隆重的玛雅球比赛来纪念这次胜利，而玛雅球比赛的用球就是智神斯凯尔的心脏。

智神斯凯尔的手下感觉机会来了，他们知道只要把心脏重新放回主人的胸膛，智神斯凯尔就能复活，于是也去参加了这次宴会。

比赛开始以后，智神斯凯尔的手下不断地嘲讽劳的手下，认为他们没有把球抛得更高。劳的手下果然上当，一个个奋力地将球向天空抛出。最后球落到怒神劳手里，他的力量最大，抛得最高，一不小心就把球抛出了比赛场外。

这时候，埋伏在赛场外的智神斯凯尔的手下化成各种动物开始行动。先是一只小鹿高高跃起将球接住，然后把球交给最善于奔跑的羚羊，羚羊把球带走交给狐狸……就这样一个个地传下去，最后由化成老鹰的手下将心脏重新放回主人的胸膛里。就这样，智神斯凯尔复活了。

复活之后的智神斯凯尔马上又发动了对劳的反击，后者猝不及防，最终兵败身亡。

智神斯凯尔的手下把劳的尸体抬到湖边那块高耸的巨石之上。为了不让劳死而复生，汲取教训的斯凯尔命令手下把劳的尸体剁碎，然后扔给劳·拉那山下圣湖里的大力神拉克及其精灵。

大力神拉克因圣湖的宁静被打破而十分生气，率领精灵们准备与智神斯凯尔开战，这时候众神之王柯穆·卡门普斯及时现身，阻止了这场大战。

据玛雅人的神话记载，如今怒神劳的幽灵还时常会出现在湖面上，伫立在那块高大的岩石上面，注视着圣湖湖面。据说当大陆和水里的诸神都睡着的时候，劳的幽灵就会跳入圣湖中，拍击着湖水，掀起惊天巨浪，大肆发泄自己的怒火。就算在怒吼的狂风中，人们依然可以听到怒神劳满腔怒火的哀号声。

另外，玛雅人的神话体系中还有"兽神族"。在玛雅神话的兽神族中，众神之王是将各种动物封神列位的原始之神。在他的分配下，鹰神统治天空后又发展成兽神之王。可以与鹰神抗衡的熊神，它负责治理大地，但关于它的传说并不多。而水中的神明——鲑鱼是河流之神。在兽神族体系中，比较知名的成员有：

1. 鹰神：在很多神话体系中，鹰都是高高在上的。在玛雅神话兽神族体系中，鹰神居住在天穹之上的圣树上，是玛雅神话中兽神族的首领。每当遇到重大议题的时候，所有的兽神都要去找鹰神商议。但是鹰神并不独断，它会给每位神明发表意见的机会。

2. 守护神郊狼柯帝：柯帝是被众神之王鹰王委以重任的兽神，是鹰神的左右手。同时，它也是玛雅神话兽神族中威信最高的一位神。据说在众神之王的指示下，柯帝教会了印第安人种植食物和制造武器。柯帝被誉为玛雅的"普罗米修斯"，它曾为人类带来了火种，而结局也跟悲剧的普罗米修斯一样——在为人类做了好事的同时，却也得罪了不少神，因此最终被处以永远在人间流浪的刑罚。

3. 侍神乌鸦：乌鸦是一位侍从在鹰神左右的智者。它足智多谋，具有强大的智慧且考虑问题非常周到。有一次兽神族举行一场关于河水流向的诸神大会，乌鸦力排众议，最终成功说服所有兽神接受自己的意见。

4.神猴祖珂：祖珂是一位象征智慧与勇敢的兽神。也有一种说法是，它曾将用石头相互击打取火的技能传授给印第安人（与柯帝的事迹类似）。

5.海猪克鲁格：这是一位跟猪八戒形象类似的玛雅神。它曾与神猴祖珂一同出海，却因贪吃而毁坏了船底，最终掉入海中成为食人鱼的食物。在玛雅神话里，海猪克鲁格代表着人类贪婪、好吃懒做以及不计后果的阴暗一面，这与猪八戒的寓意也相当接近。

6.美洲豹阿杜格：号称是神猴祖珂的好朋友，但其实两位兽神的关系就好比中国古代神话中的火神祝融与水神共工一样，属于水火不容的敌人。美洲豹阿杜格曾经将神猴祖珂吞进肚子里，却被神猴捅破了肚子，最终死去（这段与孙悟空钻进铁扇公主肚子里很相似）。后来阿杜格的同伴想杀死祖珂为它报仇，但最终还是败在了祖珂手上。

其实，玛雅神话存在着不同的体系是十分正常的事情。就好比在中国古代神话体系当中，佛祖释迦牟尼是佛教的领袖，太上老君则是道教的领袖。从历史上看，不同的地区、不同的人群、不同的受众都可能产生不同的神话体系。所以，玛雅出现不同的神话体系，并不是一件很难理解的事情。

万神之首：天神伊特萨姆纳

在古代玛雅的神话体系当中，造世主神是乌纳布·库（Hunab Ku）。上文中我们也说过，玛雅人对这位造物主并不感冒。乌纳布·库这个名字，其中音节"hun"是指"一个"，音节"ab"是指"存在"，音节"ku"是指"神"，所以正确的释义是"一个存在的神"。因为乌纳布·库这个神明高高在上，离玛雅人的日常生活太远，所以人们极少供奉他。

相对而言，在玛雅文明中地位最重要的神是天神伊特萨姆纳。伊特萨姆纳是玛雅的天堂之神，也是日夜之神，他在尤卡坦北部的伊扎马尔地区特别受到推崇。考古学家们曾试着离开神话范畴，在历史中寻找他的踪迹，结果真的有所收获。根据玛雅人的传说，伊特萨姆纳是玛雅文字与书籍的发明者，也是第一位命名尤卡坦各地区并划分了其分治区域的大祭司、大智者。

伊特萨姆纳这个名字的意思说起来很有趣，在玛雅语中代表着大蜥蜴。在玛雅人的历史典籍中，他常以两种面目出现在世人面前，一种是一位没有牙齿、两颊凹陷的老人，这也是伊特萨姆纳的传统形象。他的眉毛上经常会画着一个刻有他名字的珠状圆盘，有的圆盘上还刻着"阿科巴"符号，意思是用黑曜石做成的镜子。在玛雅，表面被精心打磨过的黑曜石是非常重要的宗教工具，玛雅祭司们可以通过它看到过去、现在和未来。因此，用黑曜石镜子作为其特征也符合这位神灵的职责。

另一种形象就是在玛雅日历"阿豪日"上的标志形象。在玛雅人的历法当中，每个月有 20 天，每一天都有相对应的守护神。每月周期最后一天——也就是最重要的那一天被称为"阿豪日"，这天的寓意是"王、帝王、君主、王子或伟大的神明"，而那一天的守护神就是伊特萨姆纳。我们可以在很多玛雅日历文物中看到代表"阿豪日"的伊特萨姆纳形象。

在玛雅人的神话传说里，他是一位善良正面的神。人们从不把他与灾祸或毁灭以及死亡联系在一起。在玛雅人辞旧迎新的时候，伊特萨姆纳会受到特别的崇拜，人们认为他可以使玛雅人免受灾害、岁岁平安。

此外，玛雅人认为，在创世神话中曾经毁灭了前三个世界的大洪水就是由伊特萨姆纳引发的。在玛雅历史典籍的记录中，他的形象就像一条口吐洪水的巨蛇。一旦惹怒他，他就会源源不断地从口中吐出洪水，直到淹没整个世界，因此玛雅人非常敬畏伊特萨姆纳。

在玛雅神话体系当中，伊特萨姆纳是万神之首，占据着举足轻重的地位，处于"伊特萨姆纳神族"的中心。他与造世主神乌纳布·库、太阳神克尼切·阿瓦和月亮女神伊斯切尔都有密切的关系。造世主神乌纳布·库是伊特萨姆纳的父亲，所以其地位相当于希腊神话中的宙斯。太阳神克尼切·阿瓦是伊特萨姆纳的儿子，而月亮女神伊斯切尔则是伊特萨姆纳的妻子。

但是，也有另一种说法。有人说太阳神克尼切·阿瓦并不是伊特萨姆纳的儿子，而是伊特萨姆纳的另一个化身。这位天地之神有时候化身为太阳神（或者太阳神是伊特萨姆纳的另一个形象）去人间传授知识。所以，玛雅人对文字书写和编年历法的传授者有伊特萨姆纳和克尼切·阿瓦两种说法。

总之，在玛雅人的心目中，伊特萨姆纳是真正意义上的天地主宰，玛雅神话中的万神之首。

爱抢别人工作的神：羽蛇神库库尔坎

库库尔坎（Kukulcan），就是羽蛇神的玛雅语音译，是一位在中部美洲文明中被普遍信奉的神，它的外形一般被描绘为长着羽毛的蛇的形象。按照玛雅文明时代流传下来的传说，作为玛雅神话后期几乎占据着统治地位的羽蛇神，他主宰着星辰，并且发明了书籍、历法，还给人类带来了玉米。此外，羽蛇神还代表着死亡和重生，也是玛雅祭司们的保护神。当然，因为玛雅文明神话体系并不统一，上面的描述其实是综合了所有传闻、全面概括羽蛇神的贡献。

因此，我们发现羽蛇神一个人就承担了天神伊特萨姆纳、玉米神尤姆·卡克斯、死神阿赫·普切以及雨神恰克的工作。如果实情如此，其他玛雅神明们每天的下班时间就很早了。

最早期的库库尔坎的地位并不崇高，仅仅是以风神的形象出现，在玛雅早期各种手抄本中很少被提及，属于后来逆袭成名的一位神明。有鉴于此，部分学者认为，羽蛇神库库尔坎与原本的风神只是重名，并非就是原来那位风神。后来羽蛇神成为中美洲各民族普遍崇拜的、可以带来降雨的神灵，同时也被认为是与播种和收获有关的善神（看吧，玉米神与雨神的职责又被抢）。

也有学者说，库库尔坎在玛雅神谱中其实是一位"舶来品"。也就是说，羽蛇神原本是别的民族的神明，后来托尔特克（Toltec）人入侵了玛雅地区，玛雅人被迫从雨水丰盛的热带雨林搬家到干旱的尤卡坦半岛。这时候，降水成为其生存的命脉，于是他们就把主管降雨的库库尔坎神从北方民族那边继承过来，成为自己崇敬的神。

回到羽蛇神形象的话题。在玛雅文明遗址的雕塑图案中我们可以观察到，他的形象就是一条长着翅膀的蛇。但是考古学家们说，库库尔坎早期的形象并不是什么蛇，而是一位手里拿着法杖的中年男人。在古典时期的玛雅遗物中，我们可以看到玛雅"真人"（即玛雅国王）手里面拿着的权杖上的装饰品中就有羽蛇神的影子——权杖的一头刻有小巧精致的腿化作蛇身的小人，另一端则刻着拥有羽毛翅膀、中间是蛇身、下部是蛇头的羽蛇神形象。

羽蛇神跟我们中国颇有渊源。本书第一章曾经讲过，很多人认为玛雅人与中国人出自同一个祖先。他们的论据之一就是：玛雅人的图腾羽蛇神跟中国人的图腾龙极其相似。

很多玛雅作品中的羽蛇神形象，的确与中国人所信仰的用牛头鹿角、蛇身鱼鳞、虎爪长须组合而成的，能腾云驾雾的龙有几分相似。尤其是羽蛇神那长角的头部，与中国龙几乎是一个模子刻出来的，其飞翔的蛇身主体也跟中国龙的外形相近。不同的是，羽蛇神没有脚，也没有尾鳍。此外，羽蛇神和中国龙的功能相近，都跟行云布雨有关。

羽蛇神库库尔坎在玛雅神话后期的统治地位，还体现在建筑上。在中美洲现今留存最大的玛雅遗迹古城——奇琴伊察中，就可以见到用库库尔坎的名字命名的金字塔。库库尔坎金字塔每个面都有91级台阶，4

个侧面象征着一年四季，合计 364 级台阶，再加上塔顶的神殿台阶，共 365 级，象征着一年有 365 天。而 4 个面的边缘分别代表春分、秋分、夏至和冬至。这座建筑物中最能体现库库尔坎的特点的是，金字塔北面的两个底角雕有两个蛇头。

但是，如果你以为这就是库库尔坎金字塔得名的全部原因，那就大错特错了。库库尔坎金字塔绝不仅是因为这两个蛇头而得名的。玛雅人在修建这座金字塔时，其实已经把羽蛇神的雕像放在了库库尔坎金字塔里，但是因为构思巧妙，羽蛇神的身体被隐藏在金字塔台阶的断面里，只在特定的时间才能显示出来，所以平时人们是看不到这个雕像的。

这又涉及到库库尔坎金字塔的一个奇观。每年的春分、秋分这两天，阳光从北面照射到金字塔上，玛雅人精密计算并巧妙设计而成的羽蛇神雕像就会显现在世人面前。

每当这两天的夕阳照射到金字塔时，在阳光的照射下，北面一组台阶的边墙就会形成七段弯弯曲曲的等腰三角形阴影。然后，底部羽蛇神雕像中蛇头的影子就会投射到地上，跟金字塔北边边墙的三角形影子连在一起，宛如一条正在飞翔舞动的飞蛇。这条飞蛇在天空与大地间游走，栩栩如生。

而且，在春分和秋分这两天当中，蛇飞翔的方向也是不一样的：春分这一天，蛇是由上向下出现，就好像从神庙中爬出来一样；而在秋分这一天，蛇是从下向上游走，仿佛要爬回神庙之中。当地人称，这象征着羽蛇神在春天的降临以及在秋天的飞升。

一年中，只有这两天时间才可以看到库库尔坎金字塔这个奇观，而且这种奇观每一次都会整整持续 3 小时 22 分钟，绝无例外。这就是古代玛雅人运用几何知识精心设计出来的著名的"光影蛇形"奇观，目前它已经成为墨西哥一个著名的旅游景点。

在中北美洲地区，有很多关于羽蛇神的传说。根据学者的统计，羽蛇神的传说种类可能突破了数百个。自玛雅文明后期以来，中北美土著民族普遍崇拜羽蛇神，有不少关于它的传说流传于世，其中绝大多数是正面的。例如在一个民族的传说中，羽蛇神非常痛恨活人献祭，这在人祭习俗横行的古代美洲，无疑具有非常大的进步意义。

最受玛雅人崇拜的神：雨神恰克

恰克（Chaac 或 Chac，古玛雅语：Chaahk），或译作查克，是玛雅神话中的雨神及雷电之神。恰克也是后世阿兹特克神话中的特拉洛克的原型。在玛雅神话中，恰克主宰雨水，是一位把闪电当成斧头使用，砍开乌云导致打雷和下雨的神。玛雅人的生活区域内极度缺水，雨水与他们的农业有着密不可分的关系，因此恰克也被称为玛雅的农业守护者。恰克作为农业的守护神，在神话中的任务就是打开藏有玉米的山。据说，恰克经常与另一位善神玉米神尤姆·卡克斯携手合作，为人们带来收获。

别看今天雨神与玉米神卡克斯平起平坐，实际上，雨神是玉米神的后辈，是一位后来才出头的玛雅保护神。玉米神应该是玛雅神话中最早出现的神明，雨神恰克却是在后古典时期从其他印第安民族的神话中"移民"过来的。

在索西族的神话中，雨神的形象是一位适婚年龄少女的父亲，代表着玉米和蔬菜。而在凯克奇族有关日月的一些神话版本中，雨神恰克跟太阳是亲兄弟，他们曾经一起打败了收养他们的年迈母亲以及她的情人。后来，恰克因与其嫂有不正当关系而被处罚，他后悔莫及，流下的泪就是漫天的雨水。

他的形象也颇为独特，长得并不像人类，而更像一种爬虫——虽然长着人的躯体，却有爬虫类才有的鳞甲；头部并不像人类，戴着打结的红色头箍；有一只长长的并下垂的鼻子，让人不由得联想到安徒生童话中的人物木偶匹诺曹说谎时的形象；嘴里有弯曲的獠牙一前一后地向外伸出来，外表极不讨喜。在传统形象中，雨神恰克戴着用贝壳制作而成的耳环，手中拿着闪电做成的斧头以及盾牌，这一形象也跟他曾经担当过的风神有关联。

与天神伊特萨姆纳一样，雨神恰克也是玛雅日历当中的一个保护神。代表他的符号是一只眼睛，旁边是一个正和一个反的空心"T"形，代表着眼泪、雨水和丰收。雨神恰克以这个形象代表着玛雅日历中 Ik 这一天，他也是这一天的保护神。

在玛雅社会中，雨神恰克应该说是受到崇拜最多的神明之一。他不仅是风神、雷电神、丰产神和农业神，且与古代玛雅的农业生产息息相关，是最重要的几位神明之一。

如同天主教中的三圣一体神一样，恰克跟很多玛雅神明的情况相同——既是一个神，也是多个神，由代表东北西南 4 个方位的 4 个神组合而成。在 16 世纪的尤卡坦半岛，玛雅人把代表东方的红脸恰克叫查克·西布·恰克（Chac Xib Chac），即"红恰克"（Red Man Chac）的意思。同样，代表北方的是白脸，叫萨克·西布·恰克；代表西方的是黑脸，叫埃克·西布·恰克；代表南方的是黄脸，叫坎克·西布·恰克。

在后期玛雅人的生活中，雨神恰克不仅代表着生长，甚至传说他从东、南、西、北4个方向从红、黄、黑、白4个颜色的大缸里取水向大地施雨，确保了丰收。现代存世的玛雅手稿以古典后期的居多，雨神在这个时期内的地位超然。在这些古籍中，雨神恰克的名字在存世经卷里出现了218次，是受到崇拜最多的神灵，充分说明了雨神在玛雅人心中的重要地位。

在目前存世的最重要的玛雅文献之一的玛雅刻本中，以非常大的篇幅讲述了恰克斯（Chaacs，即那4位代表着东南西北的恰克们）的事迹，并描述了他们居住的地方及他们的日常活动。通过玛雅刻本我们可以得知，雨神恰克与支撑着天空的四位巴卡贝神（Bacab）以及月亮女神伊斯切尔（Ixchel）之间关系匪浅。尤卡坦玛雅管区的方济会主教迪亚哥·德·兰达（Diego de Landa，就是那位焚毁当地手抄本的西班牙教士）曾试图把4位恰克及巴卡贝神合并为一位神灵。这里的巴卡贝神是一位年老神祇，传说他掌管着地下世界及地下水源，与瓦斯蒂克族的玛姆拉贝神对应。

瓦斯蒂克族认为水是循环的，雨神也是循环的。他们认为水在雨季时会变得年轻，而在干旱时期就会变老。在雨季的时候，雨神的形象是一位年轻人，传说他就是主宰着天空的年轻电神维拉尔（Virile），但在干旱的季节就会变成老人的形象，也就是玛姆拉贝神。

现在居住在尤卡坦的玛雅后裔对于雨神的崇拜依旧不减。他们通过分辨不同的雨以及乌云的形状，将他们分为不同层级的雨神。奇奥蒂民族的玛雅人中依然保留着有关雨神的民间传说，主要内容是雨神们挥动斧头斩杀那些带着雨水的蛇。

在古代玛雅社会中，位于社会最顶层的祭司阶级非常推崇雨神恰克。作为玛雅文明钥匙掌握人的他们，最重要的一项本领就是会祈雨。每一名祭司都要与雨神之间维持紧密的关系，并引领当地祈雨的活动。

说到祈雨活动，玛雅文化中有很多的祈雨习俗，不同地方的雨神祭祀活动形式也有所不同。比如，尤卡坦人在雨神祭祀的活动中会派4名男孩装扮成青蛙，然后为雨神举行祈祷盛宴。在奇琴伊察，如果出现持续干旱的情形，人们就会围在献祭之井旁举行向雨神祈祷的仪式。仪式上会有一些年轻的男子被当成祭品推下水井，然后玛雅人会把自己最宝贵的财产丢进井里，希望雨神收下这些礼物之后，能够及时施雨，以缓解当地的旱情。

值得一提的是，羽蛇神库库尔坎这位抢戏大神确认了其在玛雅神话体系中的统治地位后，就开始慢慢抢雨神恰克的风头。在玛雅文明的后期，不少人认为库库尔坎也管着降雨。以前有种说法是，雨神地位崇高，其人世间的代言人通常是由真人（玛雅国王）直接出任。但是到了后期，国王也被认为是羽蛇神的代言人，甚至有人把羽蛇神变成"雨蛇神"。

拥有强大力量的主神们：玛雅九联神

在玛雅神话体系中，因地位尊崇而被认为是最重要的神明有九位，他们被古代玛雅人认为是九种自然元素。这九位被尊崇的神明就是俗称的玛雅"九联神"，这与埃及神话中的"九柱神"非常相似。这九位神祇并非都是善神，但都拥有非常强大的力量。

上文中我们介绍过的天神伊特萨姆纳、雨神恰克、风神库库尔坎都位列九联神中。除了这些，另外六位神明是：玉米神尤姆·卡克斯、月亮女神伊斯切尔、死神阿赫·普切、战神埃克·丘亚赫、北极星神萨曼·埃克以及自杀女神依西塔布。

下面，我们来介绍一些玛雅主神，当然，这其中也包括虽未名列九联神却极具知名度的主神。

创世神：乌纳布·库（Hunab Ku）

我们在前文中介绍过这位神，他的地位就等同于玛雅神话中的宙斯。相传他在一片空洞混沌当中创造了这个世界。玛雅文献记载，这世界原本是一片黑暗寂静的死地，当乌纳布·库低声说出"世界"一词时，这个世界便诞生了。

实际上，乌纳布·库这个词并不是很早就为人们所知，直到大约16世纪才在殖民时期的尤卡坦半岛的玛雅人口中流传，它的意思是"单独的神"或"唯一的神"，有学者认为这可能是玛雅文明受西班牙天主教的影响而出现的，由多神信仰逐步向单一神信仰的转变，这也解释了玉米神族、卡门普斯神族、兽神族等逐步被伊特萨姆纳神族取代的原因。

但充满讽刺意味的是，或许是因为创世神太遥远、太抽象、太过高高在上，在玛雅人心目中的地位反而变得无关紧要。大多数玛雅人认为乌纳布·库对自己的生活没有什么影响，因而这位造物主在玛雅人的神话体系中逐渐被架空了。在大多数玛雅人的眼中，真正能够保护玛雅人的，是他的儿子伊特萨姆纳神。

洪水、纺织、月亮女神：伊斯切尔（Ixchel）

上文中我们也提到过，伊斯切尔是天神伊特萨姆纳的妻子，与貌不惊人的伊特萨姆纳相比，伊斯切尔的形象更加令人不敢恭维。从目前流传下来的玛雅图片中可以看出，伊斯切尔的头上盘踞着一条正在吐信子的毒蛇，她的裙子上画着象征死亡的骨头交叉的图案，她的手和脚都类似于动物的爪子，所以她有个外号叫作"虎爪老妪"。通俗地说，伊斯切尔就像一个经常发火、脾气很暴躁的老太婆。

由于她的丈夫伊特萨姆纳有时会以太阳神的面目出现，所以伊斯切尔就以太阳神的配偶——月亮女神的面目出现在神话体系中。其在玛雅神话体系中扮演的角色是妇女主任，所有跟女性沾边的工作都归她管。比如说，她将纺织的技术教给玛雅人，并负责保佑怀孕的妇女和新生儿等。

与她丈夫相同的是，拥有急躁和友善两张面孔的伊斯切尔，生气的时候也喜欢放洪水淹人。她手中所持的一个瓶子中就盛有滔天洪水，如果人们惹她生气，她就会把洪水放出来淹没人间。

玉米神：尤姆·卡克斯（Yum Kaax）

玉米神尤姆·卡克斯是玛雅人最早开始崇拜的神明，他在玛雅社会中的地位非常高。与天神、月亮女神比起来，他绝对算得上玛雅神明中的颜值担当。尤姆·卡克斯的形象通常是位非常清秀的年轻人，头上顶着一束玉米作为标志。有的形象中，他的头部就是玉米，并长出玉米叶，一副花开富贵的样子。

在玛雅神话中，尤姆·卡克斯曾经传授种植技术给玛雅人，深受人们爱戴。据说他也是主管勤俭的神，有时又是森林之神。他关心人间疾苦，所以树敌很多，经常与雨神一起出现，象征着风调雨顺、玉米丰登。而他一旦与死神一同出现，二者必然大打出手。由于玛雅人最主要的粮食作物是玉米，所以玛雅人对于玉米神的供奉极为虔诚。

冥府之神、死神：阿赫·普切（Ah Puch）

不管是在什么文明中，都会有一个主宰死亡的神明。中国神话中有阎王爷，希腊神话有冥王哈迪斯。而在玛雅人眼中，阿赫·普切就是那位掌管死亡的神灵，他主宰着人的生死，并统治着第九层地狱。

阿赫·普切主要以两种形象出现，一种是紧闭着双眼的尸体形象，另一种形象非常可怕——头部是一个骷髅，躯干也呈白骨化，仅剩下脊柱，腐烂的皮肉就好像被切开的黄鳝。阿赫·普切是一个恶神，经常与战争之神同时出现。战神负责收割人命，而死神则将他们引领到地狱。

但是，玛雅人对于死亡的认知与我们现代人不同，他们并不觉得死亡是一件非常可怕的事情，而认为是一种轮回的开始，所以他们会辩证地看待死亡以及死神。古代玛雅人认为有生就有死，世上既然有善神也应该有恶神，既然伊特萨姆纳是整个世间的主宰，那么掌管地狱的死神也只能听命于伊特萨姆纳。所以，人们看待阿赫·普切以及自己的生死都非常客观。

战神：埃克·丘亚赫（Ek Chuaj）

埃克·丘亚赫是古代玛雅神话中主管战争、暴死和人祭的神，因为黑色在古代玛雅人的认知当中属于战争的颜色，所以他又被人们称为黑战神。

埃克·丘亚赫的性格具有两重性：作为恶神，他被描绘成一只手拿火把点燃房屋，另一只手持利矛捣毁敌人的残酷形象。传说，他多在洪灾现场、血腥战场、杀俘祭祀、活人献祭的情形中出现。而作为善神，他的形象是背着货物走南闯北的商人。

北极星神：萨曼·埃克（Xamah Ek）

前面说到，埃克·丘亚赫是商人的保护神，而他经常会和北极星神萨曼·埃克一起出现。

事实上，萨曼·埃克也是玛雅神话中财神的代名词，他被玛雅人视为经济之神和商人的向导，是一位著名的善神。之所以认为他是商人的指引神，大概是因为北极星的位置几乎不变，是古代天空中重要的定位参照物，只要能看到它，远行的商队就不会迷失方向，而战神埃克·丘亚赫与其同行的含义就是保护商队不受掠夺。

自杀女神：依西塔布（Ixtab）

事实上，自杀女神依西塔布能够位列玛雅九联神出乎很多人的意料。无论是从纵向的历史还是横向的各国文明来看，这个自杀女神都是一个令人难以理解的神明。世界各国各文明对于自杀这种行为都是持否定态度的，例如佛教和天主教都认为人自杀死亡后会步入地狱等险境，更别提会为自杀的人专门设定一个神明来管理。

但玛雅人设立了一位主神级别的女神专门管理此事。古代玛雅人认为，自杀是通往极乐世界的捷径。他们深信，如果上吊自杀就会得到依西塔布女神的庇佑，其灵魂将直接被带到天堂。在玛雅人的世界观中，天堂共分13层，所有你能想象到的美好事物都云集其中。想要进天堂也不是一件容易的事情。在玛雅人的传说中，自杀的人、战死的武士、作为活祭牺牲的祭品们、难产而死的妇女和玛雅祭祀们最后都会进入天堂。这也是古代玛雅人不会逃避活祭命运的原因，他们觉得作为祭品被活祭是一件很光荣的事情，死后会直接升入天堂。

古代玛雅人把死亡看成通往天堂之路，因此依西塔布也被称为领路者。

事实上，除了前文中我们提到的玛雅神话体系的神以外，玛雅人还有许多其他神明，据说总数突破了一千个，他们各司其职。比如说，玛雅人曾将世界分为13层天堂和9层地狱，每层天堂和每层地狱都有自己的神主宰。再比如，玛雅人将一年分为19个月，其中每个月也有代表神。

[民族智慧：玛雅文明何以颠覆人类认知]

玛雅文明的诞生：前古典主义时期

据考古学的分类，玛雅文明通常可以分为三大阶段：第一个阶段是公元前 1500 年到公元 317 年，这个阶段被称为前古典主义时期；第二个阶段是从公元 317 年开始，到公元 889 年结束，这个阶段被称为古典主义时期；第三个阶段是公元 889 年到公元 1697 年最后一个玛雅部落被攻陷为止，这个阶段被称为后古典主义时期。通常情况下，我们所说的玛雅文明指的是其第二个阶段——古典主义时期。

关于考古学上所谓的"文明"的定义，一般需要考量四个指标：第一，文化科技水平要达到一定的程度；第二，要有一个或者几个中央集权的国家政权出现；第三，要形成一定规模的手工业水平；第四，要出现相同或类似的宗教信仰。

玛雅的前古典时期被认为是玛雅文明的形成期。这一时期出现了玛雅地区最早的历法、文字、建筑、石碑等，玛雅居民逐渐在各地的聚集点定居，并且开始种植玉米、豆类等农作物。考古学家认为，玛雅人的以上行为最早可能是从危地马拉高地开始的。

考古学家在危地马拉发现了一些陶器、石碑，又参考了另一些古籍的记载，所有证据都显示这里的居民与后来玛雅人聚集的墨西哥地区有着非常紧密的联系。所以，考古学家们把他们当作玛雅文明前古典时期的最早居民，相信他们见证了玛雅文明的最初起源过程。

另外，考古学家在危地马拉高原还发现了各种各样前古典主义时期的文物。比如，在危地马拉城附近发现一些具有玛雅文化色彩的陶器，还有一些珠宝饰品、雕塑以及石碑。这些都证明危地马拉高地曾经是玛雅文明的一个文化中心。

说起来让人觉得有点不可思议，玛雅文明的兴起，居然跟一种现代生活中极其常见的粮食作物——玉米有关。有些人认为，在玛雅文明的前古典时期，玛雅人聚集的地区危地马拉高地可能曾被一些游牧民族所占据。有资料显示，正是因为玉米的大范围种植，玛雅人才聚集在一起，逐渐形成了自己的文明。尽管考古学家没能在当地发现具有决定性证据的玛雅文明遗址，但他们还是把这里归为玛雅文明的一个组成部分。

而危地马拉高地玛雅原住民种植的粮食作物玉米，被认为是构成玛雅文明最重要的组成部分。玉米后来也成为玛雅地区最重要的农作物。植物学家们认为，玉米最初的踪迹同样出现在危地马拉高地。他们经过长期的研究发现，危地马拉是美洲地区最早的玉米种植中心。早期的玛雅居民在这里种植玉米，然后传到了玛雅文明的中部和北部。

根据考古学家们的说法，玛雅文明的前古典主义时期出现了以下特征：

首先，考古学家在维拉克鲁斯北部发现了一些制作非常精良的陶器，甚至发现了一块比较完整的石碑，说明当时的手工业与建筑业已经有了雏形。

其次，考古学家发现了圆形的泥制神庙，甚至有一些充满宗教象征的雕像。此外，还发现了一些由土台、祭坛等组成的比较早期的祭祀中心。这说明，玛雅文明当时已经出现了宗教的萌芽。

再次，从这些地区出土的雕刻中，考古学家发现一些简单的历法以及日期的记录等，这极有可能就是玛雅历法的早期表达形式。

最后，这一时期还出现了玛雅象形文字的最初形态。

值得注意的是，在这一时期，虽然可能会诞生一些国家城邦，但它们之间并没有发生直接的军事冲突。玛雅文明与其他文明之间最显著的区别是，玛雅历史上似乎并没有产生一个强大的中央集权国家。即便是在文明发展到最鼎盛的古典主义时期，玛雅人也是分散生活在各个大大小小的城邦里，没有证据显示玛雅地区曾被一个统一性政权统治。

根据考古学家们统计，玛雅地区的城邦数量众多，最多的时候有100多个。最新的考古证据证明，在前古典时期，玛雅人并没有形成哪怕是规模大一点的城邦。玛雅居民们只是依托于早期的祭祀中心聚集在一起生活，形成了一个个规模很小的居民点。在考古学界，一般都认为城市化就等于文明，但这点似乎并不适用于玛雅文明。

玛雅文明的崛起：古典主义时期

玛雅文明的古典主义时期是整个玛雅文明的全盛期，为公元4世纪到9世纪。

在这个时期，玛雅象形文字被广泛使用，具有玛雅特色的历史纪念石碑已经开始设立，玛雅建筑亦形成独特的风格，还有玛雅的历法、文艺形式都达到巅峰。对于这些，我们将在本书中做详细的探讨。

大约在公元317年，玛雅居民逐渐在佩腾中部地区定居，并开始了兴建文明的脚步。此后大约600年的时间里，玛雅文明一直都在高速发展。

上面说到玛雅文明与其他文明最大的差异，就是玛雅地区并没有形成一个强大的中央集权国家，这在古典主义时期体现得尤其明显。这一时期，玛雅人散居在各地规模比较大的城市、城邦以及居民聚居点，玛雅大地上活跃着数以百计的城邦。这些城邦使用共同的象形文字及历法；拥有相似的城市规划、建筑风格；一同信仰差异很小的宗教；经济发展水平相对一致。但不知为何，就是没有形成一个统一的中央集权国家，甚至在古典主义时期的前半段，部落与部落之间发生战争的记录都很少。

玛雅社会体系中最独特的权力机关是祭司系统。在玛雅社会，祭司们掌管着每个城邦日常宗教事务，垄断着玛雅社会的文化、建筑、宗教、历法等多方面的发展。

但古典时期玛雅社会的祭司阶层中出现了一个有趣的现象——祭司们不能给玛雅人民创造丰富的物质财富，需要由普通人民供养，所以他们并没有将一些可以牟取经济利益的权力抓在手中，这使他们在这个时期不致脱离普通群众，受到当时民众的爱戴。预测天气发展情况是绝大多数古文明的宗教祭司们用来巩固自己地位的手段，他们借助自己掌握的天气预报知识，来巩固自己高高在上的社会地位。比如，中国古代的术士们都必须能够"预测天机"，即能够预测到天气的变化，也就是通常所说的观天象。古代祭司们用这种方式在民间树立自己的威望，经常以天象的异常变化来预测吉凶，以此为手段，将自己的意志强加给劳动人民。举一史例,《三国演义》中写诸葛亮曾在赤壁之战中准确预测到东风将起,正因为他能够准确地观测到气候变化,所以在中国演义史上一直被神化。

但是,处于古典主义时期的玛雅祭司们并没有在这方面下功夫,或者说玛雅人民根本不相信天气可以被预测。他们恬淡而又平凡地守着自己的玉米地,散落居住在玛雅大地上。也许正是因为居民们与世无争,所以并没有创造出过多的社会财富供祭司们掠夺。根据一些历史资料的记载,不管在任何时期,玛雅人的耕种面积都没有超过其总活动面积的1/5,这说明玛雅人过着自给自足的生活,并没有集聚大量社会财富的迹象。如此一来,发生战争的可能性也很小。

在这一时期,玛雅居民的人口开始大量增长,很多地区的小小居住点最终连接在一起,形成规模较大的城市。如今考古学家们发现的玛雅人主要遗址,大多分布在玛雅古典主义时期居住过的中部热带雨林地区,比如玛雅最大、最著名的古代城市蒂卡尔城,还有瓦哈克通、彼德拉斯内格拉斯、帕伦克、科潘、基里瓜等。这些城市也是玛雅的大型祭祀中心。考古学家在这些城市都发现了规模宏大的建筑群。

其中,最具代表性的蒂卡尔遗址占地大约50平方公里,可以容纳数万名甚至数十万名居民,是玛雅地区最大的古代城市。考古学家在里面发现了多达几百座金字塔式庙宇。

在这个时期,有一个现象必须重点指出——玛雅社会出现了大量的纪年碑铭。所谓的纪年碑铭,是指玛雅人在一段时间之内(一般每隔5年、10年或20年)建立一座刻有这段时期内大事记的历史石碑。这些纪年碑铭成为当时独特的记时建筑,贯穿了整个玛雅文明的古典时期,成为玛雅社会的独特现象。考古学家将玛雅文明分为三个阶段，其中最重要的参考资料就来自这些历史石碑的记录。

古典时期，玛雅人最后一次立碑纪念是在公元889年，但是只有三个城市在这一时期立了石碑——乌瓦夏克吞、修尔屯和夏曼屯，这些城市全部位于玛雅中部区域。人们所发现的最后一批石碑（立于后古典时期）上记录的终止日期是公元909年，这也是目前为止考古学家所能找到的玛雅人的历史碑铭的最后时间记录。

我们不能确定这是否标志着玛雅古典社会的终结，因为玛雅文明的技术肯定还有很多后裔在继承。毫无疑问的是，从石碑数量的减少可以看出玛雅文明正在逐渐缩小。公元800年至900年，玛雅各城邦的祭祀中心突然被全部废弃，玛雅文明开始急剧衰落。

11世纪以后，玛雅文明的中心开始从中部逐渐移向北部的石灰岩低地平原，而玛雅人大多数高超的天文、历法、建筑、手工知识都没有被继承下来。

著名殖民探险家科尔蒂斯在1524年横穿玛雅地区时，这些城邦与祭祀中心已经完全荒废。而在1696年蒂卡尔城遗址被发现时，其已经完全被热带丛林湮没了。

玛雅文明的衰亡：后古典主义时期

玛雅文明逐渐衰落的后古典期是公元9世纪到16世纪。公元9世纪时，中部的玛雅文明因某种未知原因而逐渐被吞噬，北部的奇琴伊察及乌斯马尔等城邦开始兴起，玛雅文明逐渐走向衰落。

随着玛雅古典文明进入后期，玛雅人民的活动地点从佩腾转移到尤卡坦半岛。这时候，墨西哥托尔特克人建立的文明开始侵袭玛雅地区。公元800年至900年，墨西哥文化逐渐传播到整个尤卡坦半岛的北半部。后来，大约在公元987年，墨西哥托尔特克人的国王魁扎尔科亚特尔（Quetzalcoatl，翻译过来就是羽蛇神的意思）带领大军从墨西哥中部南下，征服了尤卡坦半岛，并将奇琴伊察设立为首都。所以，玛雅后古典期的艺术和建筑风格呈现有趣的玛雅和托尔特克相互混搭的风格。

历史学家在研究了后古典期的文物之后认为，这个时期的陶器和雕刻艺术比较粗糙，整个社会的审美水平开始由高雅转向世俗。如石廊柱群、大球场、以活人作为祭品的"圣井"、规模宏大的观察天象的天文台，以及目前保存最完整的崇拜羽蛇神魁扎尔科亚特尔的金字塔式庙宇，都出现在这个时期。

另外，在后古典主义时期，玛雅社会最显著的变化是，玛雅人民原本自给自足、老死不相往来的无为派生活习俗因墨西哥托尔特克人的入侵而改变了。玛雅人开始变得好斗，人祭逐渐流行起来，城邦之间的冲突此起彼伏、日益加重。

根据玛雅人的史料记载，公元 1221 年，玛雅社会内部发生了大规模的起义和内讧，奇琴伊察城邦遭遇到毁灭性破坏。这时候，玛雅人各个城邦的统治者召开会议，在现在的梅里达城东南方又建了一座新的玛雅城邦——玛雅潘。从此，玛雅人的统治中心开始移往玛雅潘。

为了继续维持玛雅城邦的统治，各城邦的负责人进行了一次民主选举，推选可可姆贵族掌握玛雅的最高统治权。这实质上并不是一个很难理解的决定，因为可可姆贵族是当时最古老、最富有的家族。城邦主们不敢与他们相抗衡，于是可可姆贵族成为玛雅潘的最高统治者。

可可姆贵族将城市中的庙宇、高级祭司和贵族的住宅与普通民众的居住区用短墙分开，命令平民们居住在城市的外边，并且规定所有的平民都是他们的仆人。平时，贵族们就派代理人去监督人民的生活情况，并要求平民向贵族进贡所需的东西，如动物、粮食、蜂蜜、食盐、鱼类、布匹以及其他物品。其他城邦的贵族也是玛雅潘的统治阶级，他们结成联盟，用武力维持自己的统治。

说到玛雅潘，这也是玛雅人名称的由来。上文中，我们曾说过哥伦布偶尔在市场询问陶器的由来，卖主的回答是"玛雅"，其实就是指玛雅潘，从此"玛雅"这个名字开始闻名于世。

考古学家们对玛雅潘的主要遗迹进行了研究。他们的神庙设计比较保守，规模都很小，仿佛是奇琴伊察的复制品，但也有自己的风格。玛雅潘的城市被一道圆形防御石墙环绕，土墙分开了祭祀区域与居住区域，房屋密密麻麻的，显示出这是一座人口密集的城市。

公元 1441 年，一个名叫阿淑潘修的人领导了反抗玛雅潘国王的起义，并攻占了玛雅潘。公元 1450 年，玛雅潘因一些不为人知的原因被洗劫且焚毁，历史学家们推测是发生了内部叛乱。反正不管是出于什么原因，玛雅潘退出了历史舞台。此后的 100 年间，玛雅文明逐渐走向衰落。

到了公元 1523 年，四处寻找殖民地的西班牙人终于发现了这里，他们带着洋枪从墨西哥一路南下，最终占领了整个尤卡坦半岛。伴随着最后一个玛雅城邦被攻陷，玛雅文明被完全摧毁。

文明成就（一）：超前的天文学

在玛雅文明所有伟大的成就中，天文学的成就最令人惊叹。

古代的天文学是一门神秘色彩很浓的学科，一直都掌握在统治阶级的手中。说它神秘，是因为古代科技不发达，人们比较迷信，对于一些自然现象容易产生敬畏之心，统治阶级就会拿这些现象做文章，将其称为"天象"。出于阶级统治的需要，古代的天文学很多都有迷信的成分在内。后来，天文学通常被发展成宗教统治的工具。

但是，不能把古代的天文学看得一钱不值。相反，这门学科在古代的作用非常大。人们往往通过掌握的天文学知识，来指导当时的生活或生产活动。比如中国古代的二十四节气，就与农业生产中的耕种安排有关。而古代埃及人通过观察发现，每当天狼星接近地球的时候，尼罗河的河水就会暴涨。了解这些天文学知识，对于古代人安排生产或者躲避灾难都有巨大的意义。

古代玛雅文明在天文学方面的造诣令人佩服——早在 1000 年前，玛雅人就计算出许多天体的精确运行周期。

根据考古学家们的说法，玛雅人拥有自己独特的天文观测台。能猜到什么是古代玛雅人的天文台吗？答案是：很多研究结果显示，玛雅人的金字塔就是他们的天文观测台。从玛雅最大金字塔上的观测点往东方的庙宇看去，那就是春分、秋分时太阳升起的方向；如果往东北方向的庙宇望去，就是夏至时太阳升起的方向；如果往东南方向的庙宇望去，就是冬至时太阳升起的方向。像这样的天文观测建筑群，考古学家在玛雅地区发现了好几处。

在古代天文学的所有惊天成就中，玛雅人占据领先地位的是他们对金星周期的测量及所获得的数据。金星是古代玛雅天文学家最关注的天体星球之一，玛雅人把它称为"Nohek"，翻译过来就是伟大的星；还有一种叫法"Xuxek"，翻译过来就是狂暴的星星。现代天文学家们通过计算，得出金星一个运行周期的数据是 583.920 天，而玛雅人得到的数据是 584 天，也就是说，他们对金星运行周期的计算精准到每 6000 年的误差才只有 1 天。

玛雅人甚至对金星在天空中出现的位置进行了分类总结。他们认为，从地球上可以观测到金星在一个运动周期内的运动分为四个时间段：首先，金星在早晨作为启明星出现在地球的天空之上的时间是 236 天；然后，在接下来的 90 天时间内，人们将不能在天上看到金星的影子；下一个阶段，金星会在傍晚时分出现在天空，一共经历 250 天；接下来又有 8 天时间，地球上的人们完全看不到金星的影子。现代科学家也证实了玛雅人的这种分类方式是正确的。

此外，玛雅人也计算出月亮绕地球一周的时间大约是 29.530588 天，而现代科学家用先进的仪器测量到的数值是 29.528395 天。

有的学者认为，在天文学方面，玛雅人采用黄道十三宫，而不是黄道十二宫。所谓的黄道十二宫就是我们通常所说的星座，也就是日本动画片中 12 个黄金圣斗士的创作来源。2000 年以前的古希腊人认为，如果站在地球上的某一个地方不动，那么一年的时间里你能看到 12 个星座轮流出现在你眼前。于是，他们就把这 12 个星座命名为"黄道十二宫"。这种说法流传了数千年，一直被人们奉为真理。但是，根据现代天文学的理论，目前天上的黄道星座位置已经与 2000 年前的发生了巨大的变化。有一个叫作"蛇夫座"的星座已经挤进了黄道十二宫中，正确的说法应该是黄道十三宫。而玛雅人很早以前就已经注意到这个问题，他们一开始就使用黄道十三宫这个概念。考古学家已经查明了其中几个宫的名称，比如说响尾蛇、海龟、蝎子、蝙蝠等。

玛雅人认为太阳年（也就是我们通常所说的一年）的时间为 365.2420 天，而现代天文学家得到的精确测量值是 365.2422 天，玛雅人的数值只比现代的准确数字少了 0.0002 天，换算成秒来计算的话，误差只有 17.28 秒。值得一提的是，玛雅人并没有使用 12 月份纪年法。他们通过计算得出结论：一年的准确时间是 365 天 3 小时 45 分 48 秒。因为他们的数学大多是二十进位，所以他们的每个月只有 20 天。这样的话，他们前 18 个月每月都有 20 天，而第 19 个月则补剩下的差额，只有 5 天 3 小时 45 分 48 秒。

当时，玛雅的天文学处于世界最顶尖的水平，超越了同时代的古希腊以及古罗马，完全超越了当时的中国文明。中国一直到公元1280年也就是元朝时，天文学家郭守敬编订了《授时历》，才把365.2425日作为一个回归年的长度。而这时距离玛雅文明巅峰时期已经过去好几百年。至于欧洲，这时候的天文学水平连中国人的背影都难以看到。一直到300年后，欧洲的格里高利历才得出这个数值。

玛雅人得到这样精确的数据到底有多牛呢？这样说吧，郭守敬得到365.2425这个数值，不但时间上比玛雅文明晚了几百年，数值的误差也要比玛雅人的大。即便是这样，从郭守敬开始一直算到今天，700多年的时间里，科学家们才把这个数字精确到365.2422天，修改的误差值只有0.0003天，而玛雅人1000年前的数据相比最终数据的误差仅有0.0002天。

更令人不可思议的是，玛雅人当时还处于石器时代。他们的日常生活中不但没有铁制品，甚至连中国殷商时代的青铜都没有。所以，他们根本没有造出望远镜的可能性。科学家们不禁要问，难道他们都跟视力极强、强到非人类所及的古希腊最伟大的天文学家喜帕恰斯一样拥有天赋异能？

更令科学家们感到不解的是，拥有如此高超天文学水平的玛雅人，居然还认为地球是宇宙的中心。连哥白尼的日心说都不知道的玛雅人，到底是怎样达到如此超前的天文学水平的呢？现代人盛传玛雅人是外星人后裔的说法，大概就是由此而来的。

文明成就（二）：完美的玛雅历法

前文我们提到了玛雅人震惊世人的天文学成就。其实，天文学跟历法向来是相辅相成的。玛雅人的天文学如此发达，那他们的历法如何呢？

根据考古学的研究，玛雅文明的历法是现在世界上流传下来的、为数不多的、文件最齐全、最容易让人看懂的历法之一。

虽说玛雅历法简单易懂，但历法体系非常复杂。他们并非使用某一种单一的历法，而是以太阳历、长纪年历和卓尔金历三种历法为基础，使用几套历法掺杂在一起的复杂体系。

所谓的太阳历，其实就是现在的公历。玛雅人曾经精确地计算出太阳年的长度为 365.2420 日，与现代准确的勘探结果相比，每 5000 年才误差一天。玛雅人把这种历法称为民历，还把每年分为 19 个月（18 个大月和 1 个小月。也有人认为小月不算在内，一共只有 18 个月），其中 18 个月的天数是每月 20 天，最后一个月只有 5 天的禁忌日，合起来共计 365 天。而且，玛雅人已经有了闰年的计算方法，每四年他们就会多加一天，与我们现在使用的历法几乎是一致的。

这种历法体系是这样的：

玛雅人认为一个月（乌纳）等于 20 天（金），一年（盾）等于 18 个月（乌纳），再加上每年之中有 5 天未列在内的禁忌日，一年实际的天数为 365 天，这正好与现代人对地球自转时程的认识相吻合。

20 金（天）=1 乌纳（月）=20 天

18 乌纳 =1 盾（年）=360 天

20 盾 =1 卡盾 =7200 天

20 卡盾 =1 伯克盾 =144000 天

20 伯克盾 =1 匹克盾 =2880000 天

20 匹克盾 =1 卡拉盾 =57600000 天

20 卡拉盾 =1 金奇盾 =1152000000 天

20 金奇盾 =1 阿托盾 =23040000000 天

所谓的太阴历即前文中提到的金星历。据说玛雅人花费了 384 年的观察期，终于计算出 584 日的金星年历，与现在的勘测结果相比，每月只相差 6 分钟。

所谓的卓尔金历则有些神秘，被很多"外星后裔论"者视为玛雅人来自外星球的主要依据之一。这种历法是这样计算的：每月 20 天（玛雅人的数学是二十进位而不是十进位，所以他们每月都只有 20 天），每年 13 个月。这样计算起来，卓尔金历每年合计 260 天。

这个数字不符合太阳系任何一个行星的运行规律，所以使得科学家们非常疑惑。因为玛雅这样一个拥有高度天文学知识的民族，绝不会无缘无故地独创出一种历法来。这个历法到底适用于哪一个行星，到现在还不得而知。科学家们只能推算，假如存在这样一个行星，那么它的气候一定是十分温暖的，与玛雅人居住的热带雨林的环境极为类似。所以

"外星后裔论"者认为,卓尔金历就是玛雅人故乡行星的历法。如果能够找到这颗星星,也就找到了玛雅人的故乡。

卓尔金历在玛雅人的生活中发挥着非常重要的作用,特别是在宗教方面。古代的玛雅人把孩子出生那天的卓尔金历日期定为他的生日,并把掌管那一天的神灵当成他的守护神。在某些地区,人们还在新生儿卓尔金历生日的那天为他起名字。

卓尔金历记日的体系是这样的:

卓尔金历不分月份,每年有260天,用20个专用名词,按顺序循环匹配1至13的数字,这样完成一次循环正好是260天。

以下所示的就是这20个专有名词:

伊克(Ik)	马尼克(Manik)	埃伯(Eb)
卡班(Caban)	阿克巴尔(Akbal)	拉马特(Lmart)
本(Ben)	埃兹纳伯(Eznab)	坎(Kan)
木卢克(Muluc)	伊希(Ix)	夸阿克(Cauac)
契克山(Chicchan)	喔克(Oc)	门(Men)
阿霍(Ahau)	克伊米(Cimi)	契乌恩(Chuen)
克伊伯(Cib)	伊米希(Imix)	

匹配的时候把数字放在前面,专用名词放在后面。比如说第一天就是1伊克,后面是2阿克巴尔、3坎、4契克山、5克伊米,等等。第14个名字又从数字1开始排列,就是1门,然后是2克伊伯,等等。这样一直相互循环匹配下去,等到再次出现1伊克组合的时候,刚好就

过了 260 天，卓尔金历的新年就到了。

如果上面卓尔金历的描述让你看不懂，那么告诉你一个非常简单的方法。知道中国的天干地支纪年法吗？十二生肖中有子鼠、丑牛、寅虎、卯兔等等，就是把地支与动物结合起来的说法（代表十二地支的子与动物老鼠组合起来，就是子鼠）。古代的中国人习惯用天干地支来纪年，其中的"子、丑、寅、卯、辰、巳、午、未、申、酉、戌、亥"被称为"十二地支"，而"甲、乙、丙、丁、戊、己、庚、辛、壬、癸"被称为"十天干"。

古代中国并没有现在的公历纪年，全部使用天干地支纪年。你肯定听说过甲午中日战争、戊戌变法、辛丑条约等词语，其中的"甲午""戊戌""辛丑"都是天干地支纪年法。比如说"甲午"，就是用天干的"甲"与地支的"午"结合来纪年，指的是公历纪年的公元 1894 年。

而卓尔金历的纪年方法跟这个类似。你只要把 1 到 13 的数字想象成"甲、乙、丙、丁"，把后面那 20 个专用名词想象成"子、丑、寅、卯"就能理解了。

古代玛雅人在天文学上成就斐然，而且创造出令人瞩目的历法。这与他们的社会发展水平（没有金属，甚至连青铜都没有，农业生产就采用最原始的刀耕火种的方法）极为不符。如此巨大的反差，使得人们有了各种各样的猜测。有人认为玛雅人的天文历法传承自一个更为先进发达的文明，并不是自己独创的。玛雅人自身也曾有"大海上飘来神秘人为他们传授文化"的记载。另外还有一种意见认为，玛雅人根本就是外星人的后裔。

玛雅人的精神成就为何会与生产力水平产生如此大的反差，人们百思不得其解。

文明成就（三）：完整的数学体系

当西班牙殖民者攻陷了玛雅最后一个负隅顽抗部落的城邦时，恼羞成怒的他们放了一把火，几乎将玛雅所有的典籍付之一炬，导致目前世上仅剩下三到四本玛雅手抄本典籍。我们想要了解玛雅人的数学成就，只能从这几本典籍当中略寻一二了。

玛雅人在数学方面造诣非常深。他们在没有分数这个概念的前提下，能够精确地计算出地球围绕太阳运行一年的时间，也能将金星的转动周期精确到每 6000 年才差 1 天的程度，实在令人不可思议。

一般来说，古代文明的天文、历法、农时这三者都跟数学密不可分，因为它们的基础都需要运算。玛雅人在数学方面的高深造诣则保证了他们在以上三方面都能做出一番成就：玛雅人在没有任何精确仪器的前提下，能够准确计算出地球、金星的运转规律；玛雅人仅靠肉眼观察天体，就可以准确地定出春分日、夏至日以及各种节气的时间；玛雅人可以充分掌握天气变化现象，准确地估算出旱季和雨季的时间，把农业生产安排得井井有条。

另外，玛雅人在数学上的精深造诣，还体现在他们超群的建筑设计上。玛雅的古建筑群整齐划一，无论是角度还是高度，都经过了精心的设计。这些建筑物如果没有庞大的运算作为基础，没有先进的平面几何知识作为储备，是不可能完成的。

在古代玛雅，数学知识全部掌握在祭司手中。他们不仅是玛雅社会中负责与神明沟通、排名第二的阶层，还是古代的大数学家。通过各种周密的计算，他们会告诉玛雅社会的居民们，哪一天可以放火将玉米地烧掉以便重新耕种；哪些天他们的神明羽蛇神会降临，为大地带来雨水；甚至什么时候会发生战争、什么时候有地震、火山爆发，他们都会做出预测。因为这些成就，祭司阶层在玛雅社会中地位超然，就连君主真人都会听他们的话。可以这样说，玛雅祭司的权威就是建立在其对数学知识的垄断上的。

据说，有玛雅祭司在西班牙殖民者入侵玛雅之前，就曾预见过这件事。神明的指示说，这些新来的入侵者将会成为这片土地上的王。因此，西班牙殖民者刚到玛雅地区的时候，玛雅人一度认为他们是前来通商的朋友。有一位阿兹特克酋长把女儿嫁给了西班牙殖民者，还帮助他们屠杀自己的子民，在整个西班牙征服玛雅的过程中起到了非常恶劣的帮凶作用。

这些都是题外话，我们来具体看一下玛雅人精湛的数学体系。

众所周知，古代的数学水平非常不发达。今天我们一个三四年级的小学生如果穿越到古代，就可能是一位大数学家。人类文明最开始的时候，并没有数学这个概念，古代人在日常计数方面通常只能依靠数手指的方法，不论是在表达还是记录方面，无疑会遇到很多困难。这种情况下，数学的产生就成为历史的必然。

在古代中国，人民发挥聪明才智，发明了一种叫作"筹算法"的计数方法。所谓"筹算法"，就是找一些木棍按照一定的规则摆放，来代表一定数字的计数方法。比如说，竖着摆放的一根木棍代表"1"，竖着摆放的两根木棍代表"2"……以此类推，一直可以摆到数字"4"。如果是"5"的话，就改用一根横着摆放的木棍代表。如果要表示"6"以上的数字，就用横放和竖放的木棍组合而成。如果要表示数字"9"，需要一根横的木棍（代表"5"）跟4根竖的木棍（代表"1"）组合而成。在我国古代，老祖宗就是这样计数的。

玛雅人的数学水平比起中国人也毫不逊色。他们的计数方法跟中国的"筹算法"有点类似。所不同的是，他们的代号与符号比较简单，操作性更强。

我们从几本玛雅人传世的手抄本残本中可以看出，他们不仅创造了简便的数字符号，还有20进位制计数系统。他们分别用一个小点"·"、一条横线"—"和一个贝壳型符号代表1、5和0，并且利用这三个符号组合来表示具体的数字。至于进位系统，古代中国人选择10作为进位标准，是因为最初人们只能依靠10根手指来计数，发展到后来，就演变成10进位计数系统。中国古代人的"筹算法"没有用10而是5作为标准，是因为一只手只有5根手指。而玛雅人使用20进位制计数系统，则是因为玛雅人不仅善于数手指，而且习惯于把脚趾也算上。

比如说，玛雅数字的"1"就是"·"，"3"就是"···"，"5"则用"—"表示。

在数字"6"以上，就需要用到组合的方法。玛雅人的数字组合方式是：把点"·"放在横"—"的上面组合起来，表示不同的数字。

比如，数字"7"就是横线上面加上2个点，数字"9"就是横线上面加上4个点。数字"13"，就是两条横线上面加上3个点，依此类推。按照这种方式，最大可以计数到"19"，如果是"20"，就开始用贝壳形状的计数符号表示。这里会涉及一个数字"零",这个问题我们必须详细讲解一番。

文明成就(四):最早使用数字"零"

可以说,数字"零"的出现,将数学提高到一个新的阶段。如果我们一直使用中国古代摆小木棍的"筹算法",那么当数字比较大的时候,会发现地上密密麻麻全是木棍,好像开了一间筷子加工厂。而数字"零"的出现,完美地解决了这个问题,往往能用几个符号就代替了非常大的数字,使计数单位更加简便。

而且,由于数字"零"这个概念的引进,人们把数学重新进行了定义。有了"零"这个概念,那就不能单纯地把数学看成计算数字的学科,表达"有"和"无"也成为数学的一种职能。数字也不再是一种仅使用小木棍累加体现价值的东西,而是一种可以用比较抽象的方法表示出来的事物——人们用个位数字加上"零"的方式进行进位,可以更简洁地表现出数字,这比开伐木厂这样的表现方法要进步很多。写一个数字 100 与摆 100 根木棍比起来,前者无疑比后者简洁数百倍。但如果没有发明"零"这个概念,我们就无法写出"100"这个数字。可以毫不夸张地说,数字"零"这个概念的引进,为人们打开了数学研究的一扇新门,数学的发展从此走上一飞冲天的道路。

数字"零"的概念最早起源于巴比伦尼亚,而古代玛雅人在公元 4

世纪就开始进行运用。在所有古代文明当中，他们是最早使用"零"这一概念的民族。玛雅的"长历法"中就曾将"零"作为一个占位符。在玛雅人的计数体系中，"零"通常用一种类似贝壳形状的象形文字表示。这个符号的出现，为玛雅人的计数方式奠定了一个非常重要的基础。

考古学家们认为，玛雅文明使用"零"这一概念的时间比所有亚非文明都要早，比欧洲文明则提早了大约800年。

我们知道，玛雅的数字体系是以20作为进阶位数的。他们的数字单位以1位、20位、400位为单独构成单位，就好比我们今天使用的个位、十位和百位。举个例子来说，数字"601"如果用今天的表达方法，我们会说，601由六个100、零个10和一个1组成。而古代玛雅人会说，601由一个400、十个20和一个1组成。这就是二者的区别。

科学家们说，玛雅人的数学体系是非常独特的。而在整个体系当中，最为先进的就是这个类似贝壳形状的数字符号"0"，它也是世界各古代文明中数字写法最别具一格的表现形式。

由于使用了"0"这个符号，玛雅的20进位制的数字表达方法就此成型。上一节我们说过玛雅人用一个小点"·"、一条横线"—"组合成1—19这些数字，而20以上的数字，就需要用到贝壳形状的"零"了。

首先要弄明白的一点是，玛雅文明的20进位与我们通常所说的10进位制有什么区别。10进位的意思就是说，一个数字如果是10的倍数，比如说10、20、100，等等，那么我们就会把"零"写在后面，把表示10倍数的个位数写在前面。比如20是10的两倍，就写成2加上"零"。

20进位则不同，玛雅人是数到20才向前进一位。也就是说，这时候的数字"零"，代表的不是整"十"，而是整"二十"。20是20的一倍，就写作 1 加上类似贝壳的 "零" 符号，40 是 20 的两倍，就写成 2 加上类似贝壳 "零" 的符号，依此类推。

如果没有看明白，那么我们换一个通俗的例子来说明。有两个没有货币的小岛，一个岛上只出产苹果，而另一个岛上只出产香蕉。一个贩卖衣服的商人分别去了两个岛。因为没有货币，所以他只能以物易物。他在第一个小岛上用一件衣服可以换一斤苹果，在第二个小岛上则可以换两斤香蕉。

现代数学上使用的 10 进位制，我们就把它看成第一个小岛的苹果，而玛雅人使用的 20 进位制，我们可以用第二个小岛上的香蕉来比喻。同样的一件衣服，可以换一斤苹果，也可以换两斤香蕉。那么从计数角度上讲，对于同样一个数字，我们现代人对它的表达方式是"一斤苹果"，写成"1 苹果"的形式。而玛雅人对它的表达方式是"两斤香蕉"，写成"2 香蕉"。这里面的苹果和香蕉作为计数单位，分别相当于是 10 进位当中的"零"和 20 进位当中的"零"。数字是相同的，只不过我们与玛雅人所使用的计数制度不同而已。

了解了这些，就可以进一步来分析玛雅计数体系。玛雅数字"20"的表达方式，就是在贝壳形状的"零"上面加上一个表示数字 1 的点"·"表示一个"20"；数字"40"的表达方式，就是在贝壳"零"上面加上两个点，表示两个"20"；数字"100"的表达方式，就是在贝壳"零"的上面加上一条表示数字 5 的横线"—"，表示 5 个"20"。依此类推，数字"220"的表达方式，就是在贝壳"零"的上面加上两条表示数字 5 的横线"—"和一个表示数字 1 的点"·"（即 2×5+1×1=11，也就是 1～19 中的 11 的写法），表示 11 个"20"。

如果有个位数的话，就在我们刚才的表达方式的后面再加上所需要的个位数。比如说，数字"21"，就是刚刚我们所说的数字"20"的后面再加上一个表示数字1的"·"。数字"224"，就是上面我们所说的"220"的后面再加上四个表示数字1的"·"。

数字"400"，是20进位制的第二个晋级单位，用两个贝壳上下叠加或者左右叠加的形式表现。

玛雅数学也涉及加减法的运算，原理跟我们的10进位有点类似。我们的加法是满10就向前一位进一，减法不够减就向前一位借一，玛雅人的计算方法也是一样的，只不过他们进一位或者借一位的数值是"20"。玛雅数学当中，代表"5"的横线"—"可以换成5个表示数字1的点"·"。

因为我们只能通过玛雅人流传下来的残缺的手抄本来分析玛雅人的数学知识发展水平，肯定遗漏了很多玛雅人的数学成就，这其中可能就包括乘法和除法的运算方法。玛雅古代手抄本里面没有记载，所以玛雅人有没有发明乘法或除法的运算方法，目前还不得而知。

玛雅人还有一种用头像来书写数字的计数方式，限于篇幅，就不在这里多做介绍了。

总体来说，玛雅的计数方式比同时期的罗马数字要简单。在罗马数学中，如果要书写数字1～19，必须使用3个标记符Ⅰ（表示数字1）、Ⅴ（数字5）和Ⅹ（数字10），而且在表达的过程中还要运用加法和减法：Ⅶ（数字7）是Ⅴ（数字5）加上2个Ⅰ（数字1），Ⅸ（数字9）是Ⅹ（数字10）减去Ⅰ（数字1）。而在玛雅计数法体系中，只需运用圆点和横条两种符号，并且只需要用加法一种运算方法就可以。

正因为掌握了这些先进的数学知识，玛雅人尽管处于石器时代，却依然掌握了超越时代的天文学、历法知识，建立了当时世界上最璀璨、最高深莫测的文明之一。不过，玛雅文明的很多先进知识都已经失传，今天的考古学家们每谈及此，都会扼腕长叹。

文明成就（五）：特色的城邦建筑

古代玛雅人的建筑水平也令人大开眼界。

一般说来，玛雅文明的大型建筑物内部空间非常狭小，通常情况下都是用一个个台阶平面堆积而成，再由一条或几条狭长的空间连接起这些平行面。玛雅人选择这样的建筑方式是迫不得已的，因为当时他们只会用叠色法来砌建屋顶。由于存在这种缺点，他们为了加强宗教建筑物的庄严性，于是把庙宇建在很高的台阶之上。后来，这些建筑物逐渐演变成多层的金字塔。

古代的玛雅平民主要住在小草屋中。这些小草屋很像今天山东或东北地区农村的人字形屋顶的小房子。二者的区别在于：玛雅人的小草屋没有院子与围墙；小草屋的墙并不是用石块砌成的，而是将一根根木头用绳子连接在一起形成的；屋檐和屋顶也是用绳子将小木杆连接在一起，然后在房顶上铺上草帘。这些房屋大多建筑在高出地面1～2英尺的小土坡上，如果不加以修缮，很快就会倒塌。可以说，假如玛雅文明的城市被抛弃，这些以茅草、小树为材料建筑起来的房屋在城镇被遗弃后的 10 年内就会彻底消失。

19 世纪开始，考古学家们陆续找到玛雅文明一些被遗弃的城市，目前遗留下来的最具玛雅特色的遗址有奇琴伊察遗址、科潘遗址等。建筑学家通过研究，总结出一些玛雅城市的建筑特点。

奇琴伊察是古代玛雅城市的典型遗址之一。它位于墨西哥尤卡坦洲的南部，由数百座建筑物组成，是现存玛雅遗址中保存比较完整的遗迹之一。奇琴伊察南北长约 3 公里，东西宽约 2 公里。"奇琴伊察"在玛雅语中的意思为井口。也就是说，这个遗址中最大的特点是有很多水井。在玛雅人的生活中，水资源短缺是一个亟须解决的严重问题。玛雅人在选择聚居点的时候，大多会依水而居。奇琴伊察所在的地区就有为数众多的天然井，这也是这座城市存在的基础。

这个遗迹的南边是老城区，建于公元 7～10 世纪。这个老城区的建筑物极具玛雅文明特色，以石雕刻装饰为主，包括金字塔、神庙、殿堂、球场、市场以及天文观测台。城市北侧的城区则是新城区，里面充满了灰色的建筑物。比较著名的建筑有库库尔坎金字塔及勇士神庙等，建筑风格是以非常朴素的线条装饰及羽蛇神灰泥雕刻为主。

在所有这些石质建筑、神庙和庭院当中，最值得细说的是位于城市一端的人祭球场。人祭球场里进行的就是古代玛雅人的球类游戏。

目前这种游戏的规则详情已经失传，人们只能通过历史书籍及其他方面的资料来猜测它的原貌。考古学家认为这种游戏在玛雅世界曾风靡一时，其意义类似今天的足球世界杯。比赛的用球一般是用橡胶制成，直径在 25 厘米到 30 厘米，跟现在篮球的尺寸差不多，但是重量要比篮球重很多。因为它是橡胶材质的实心球，可以推测重量在 4 斤到 6 斤。

这个重量如果砸在身上肯定很难受。所以，我们大概可以想象出参加比赛的球员一定是玛雅社会中最强壮的勇士。

比赛的进程跟今天的足球比赛类似，球员们需要在一个比现在的足球场还要大的球场竞争一个球，哪一方将球射入类似球门的石环中就算获胜。

与足球球门不同的是，石环并没有放置在地上，而是位于离地面七八米高的墙壁上。这种球类运动的规则与我们现在已知的足球和篮球都不同，因为球员们既不能用手也不能用脚触球，只能依靠膝盖、大腿甚至是屁股接触球。至于每场比赛上场队员的人数现在还没有确切的数字，不过有人认为，每队只有2名到4名队员。

如此看来，与玛雅人的球类运动相比，现代的球类运动简直就成小儿科了。即便是号称竞争最激烈的运动之一的足球运动，现代足球的场地不但比玛雅人的小，参赛队员人数也比玛雅人的多几倍，况且玛雅人使用的球不仅是实心的，重量也比足球重很多。

其实，玛雅人在人祭球场中进行的球类运动，并不是一种体育竞赛，而是一种祭祀活动。在比赛结束之后，有球员会被当作祭品进行活祭。至于祭品是胜利方还是失败方，史学界对此仍有争议。多数历史学家认为，胜利方的队长将会成为祭品而被杀害。

当然，奇琴伊察最著名的还是水源充足的天然井。根据历史记载，这个城市原本有3个水源非常充足的溶井，其中有两个直到今天依然存在，包括最著名的"献祭之井"。"献祭之井"是玛雅人纪念雨神恰克的圣地。古代玛雅人将当时最宝贵的玉器、陶器和熏香投入井里祈求风调雨顺，如果遇到大旱时节，还会用活人举行祭祀活动。

外围被一条 6 米宽的沟渠包围的蒂卡尔城遗址是目前玛雅文明中发现的规模最大的遗址，是古代玛雅人的文化中心之一。它拥有几百座极具特色的建筑物，其中最著名的是顶上建有神庙的阶梯式金字塔。这些金字塔用石灰石构筑，顶端有一座神庙。最高的一座金字塔，从底部的基座到顶部的神庙有 70 多米高，是目前发掘出来的玛雅文明遗址中最高的建筑物。

蒂卡尔遗址里的建筑物内部的空间非常小，光线很暗，这可能是由于他们的建筑都使用有托臂的石拱屋顶。但也有人说，可能是玛雅人为了保持他们庆典的神秘气氛而故意这样设计的。

科潘遗址位于特古加尔巴地区西北部大约 220 公里的地方，是玛雅古典主义时期最大型的科研中心，也是玛雅天文学领域的圣地。玛雅人令人瞩目的天文学成就大多诞生在这里。从建筑学角度看，科潘遗址最典型的特征之一，就是由科潘河造成的十字城市结构。最能代表科潘形象的建筑物位于城市广场附近的一座神庙里，神庙的台阶上矗立着一座神的石像，石像上面刻着金星的图案，昭示着这里伟大辉煌的天文学成就。

玛雅文明建筑物的一个特点是，位于城市中心的建筑物大多不是用作居住，而是用于祭祀甚至是天文观测。这种建筑学与天文学相结合的做法，在古代文明中并不多见。

文明成就（六）：丛林中的玛雅金字塔

一提到金字塔，大家脑海中浮现的第一印象应该是埃及。也难怪，这么多年以来，金字塔一直都被认为是古代埃及的象征。目前被发现的埃及金字塔一共有 96 座，它们大多是金黄色的四角锥形结构，最早可能建于公元前 2600 年之前。相比较而言，玛雅人的金字塔则是因 16 世纪探险家们在中美洲热带雨林中探险而浮出水面的。而那时候，埃及的金字塔已经名扬天下很久了。虽然玛雅金字塔发现时间比较晚，地位也不如埃及金字塔那般重要，但纵观世界建筑史，其也是仅次于埃及金字塔的著名建筑物之一。

同是金字塔，玛雅金字塔与埃及金字塔还是有一些区别的。

首先，玛雅金字塔跟埃及金字塔的用途不同。在埃及，金字塔一般是法老及其王后的陵墓，他们将法老和王后的尸体做成木乃伊，存放于其中。而在玛雅，金字塔并不作为陵墓使用，考古学家们认为其主要用途是宗教祭祀，只有极少数的金字塔才被用作陵墓。

其次，玛雅金字塔的高度与埃及金字塔有所区别。玛雅金字塔一般要比埃及金字塔矮一些。前面我们说过，埃及最高的胡夫金字塔的高度大约在 146 米，玛雅最高的金字塔是蒂卡尔 4 号神庙，高度只有 75 米。虽然高度不如埃及金字塔，但是玛雅金字塔的数量远远超过埃及金字塔，目前已发现的埃及金字塔还未过百，而玛雅金字塔的数量惊人——

考古学家仅在墨西哥境内就发现了超过 10 万座金字塔。

最后，从外观上看，双方的金字塔有些许的不同。埃及金字塔的顶端是锥形结构，而玛雅金字塔的顶部是平台，最上方建有神庙。埃及金字塔的外观是金黄色的，而玛雅金字塔是灰白色的。另外，玛雅金字塔没有埃及金字塔那么庞大，侧面也没有埃及金字塔光滑，但比埃及金字塔陡峭很多。

与鬼斧神工的埃及金字塔相比，玛雅金字塔的建造难度毫不逊色。如果站在古城蒂卡尔城市广场中间眺望，你会发现北面有 12 处艾克洛普利斯神庙的废墟，南面是中央艾克洛普利斯神庙，而它的东面和西面就是两座非常大的金字塔——其分别被玛雅人称为美洲虎神庙和面具神庙。它们是古代玛雅人的智慧结晶，代表着玛雅文明最高的建筑水平。这两座以石头和石灰为建筑材料建成的金字塔外观是斜截面的锥形，由十分高大的台基及位于顶端的神殿构成，从外表看十分匀称。

古代的玛雅人在设计金字塔时，追求独特的意义。金字塔的最下面一共有九级大台阶，代表着玛雅的下层社会。金字塔墙壁和顶部的寺庙加在一起一共是 13 座，代表着玛雅传说中神的个数。而神庙上那皇冠形状的石头，只能在第 13 层以及最后一层看到。金字塔的一边，有一些间距比较小的小台阶，只有通过这里，人们才能登上金字塔顶端的神庙。台阶的层数也是有讲究的，如同 13 这个数字在玛雅人生活中具有特别意义一样，52 作为台阶层数也是玛雅历法中非常重要的数字（52 这个数字是玛雅的轮回年份）。

众所周知，玛雅文明作为地球上最神秘的古代文明之一，创造了高度发达的科技文明，但他们的生产力水平严重滞后。当 16 世纪西班牙殖民者入侵玛雅时，玛雅人还处于石器时代的晚期，基本上没有金属工具。在这种前提下，他们修建的金字塔却体现出顶尖的建筑水准，这的确是一件令人不可思议的事情。对于一些谜团——如何切割巨大的石块；如何在没有牛、马、轮子等运输起重设备的前提下，把石块搬运到丛林的深处；如何把十几吨的石块一块块堆积起来，一直堆到70米的高度……科学家们至今无法解释。

在另一个著名的玛雅古城奇琴伊察，也存在迷雾重重的金字塔。这座古城始建于公元5世纪，7世纪时抵达巅峰，占地面积大约25平方公里。玛雅人用石头在这里建造了数百座高大雄伟、雕刻精美的建筑物，成为玛雅文明发展到顶峰的产物。最能体现奇琴伊察建筑特点的建筑是一座位于热带丛林空地中的巨大金字塔，玛雅人叫它库库尔坎金字塔。

这座金字塔在设计上有很多令人惊叹的地方。它的底座是正方形，阶梯朝着正北、正南、正东和正西四个方向，四周各有91级台阶。四座楼梯台阶的数量，再加上最上面一座单独的台阶，就是365（算法是$91 \times 4 + 1 = 365$）级。另外，它有18个阶梯平台。之所以说它的设计令人惊叹，是因为它的台阶和阶梯平台的数目跟历法有关，分别代表了一年的天数（365）和月数（18）。在图案方面，人们发现了52块有雕刻图案的石板。显然，玛雅人建造金字塔之前曾精心将这些具有代表性的数字镶嵌进去。

在库库尔坎金字塔的东面，有一座宏伟的四层金字塔。金字塔顶端的神庙被称为勇士庙，入口处有一块巨石雕成的仰卧的人形像，古玛雅人称它为"恰克莫尔"神像。而它的后面，就是两座玛雅神话中非常著名的张着大嘴的羽蛇神雕塑。每年的秋分和春分时节，玛雅人都要聚集在此，载歌载舞地欢庆这位神明的降临和离去。

说到此处，金字塔在玛雅社会的一个用途已呼之欲出——玛雅金字塔可能是为众人举行宗教崇拜及奉献祭品而建造的。在玛雅人的宗教观念中，金字塔是连接天和地的枢纽，人间的祭司通过登上金字塔的石阶来接近天上的众神，而众神则会沿着石阶降临凡间探望人类。因此，古代玛雅人在重大节日时会齐聚在金字塔下，举行各种各样的祭祀活动。

但也有学者认为这只是古代玛雅人的一种障眼法，他们修建金字塔有更重要的目的。一些考古学家发现，玛雅金字塔具有天文观测台的功能。通过修建具有一定高度的金字塔，玛雅祭司们可以登高远望，掌握各种天体运行规律，并且制作出精确的历法。

从玛雅金字塔的建筑设计来看，其中蕴含着他们非常重视的天文学数据，而金字塔建筑中关于天体运行规律的数字比比皆是。

玛雅人的天文台大都建在巨大而精美的金字塔平台上，而玛雅文明时期最大的观测塔——凯若卡天文观测塔就修建在金字塔顶。金字塔上有一些小的台阶通往这些大平台，大平台上有半球型的盖子，其窗户与门廊形成六条连线，其中最少有三条与天文知识相关。其中一条与春（秋）分有关，另外两条与月亮活动有关。

考古学家们在其他的金字塔上也找到了类似的建筑，它们的位置与太阳及月亮都有一定的关联。

科学家们还发现，金字塔的内部结构跟一些天体形成了呼应关系。比如说，天狼星的光线经过玛雅著名的太阳金字塔南边墙上的气流通道，能够直射到上层厅堂神像的头部；而北极星的光线经过这个神庙北边墙上的气流通道，能够直射到下层厅堂。这充分说明，金字塔其实不仅是祭祀场地，恐怕还与天文学有着密切的关系。

现代天文学家总是试图告诉人们玛雅文明的天文学成就有多么高——16 世纪，天才科学家伽利略才发明了天文学的基本设备望远镜，而在望远镜出现几百年前，玛雅人已经创造出高度先进的天文学知识，其水平不但秒杀同时代的任何文明，就算与今天相比也毫不逊色。

人们不禁要问，生活在丛林里、生产水平仅处于石器时代的民族，为何要花费如此巨大的人力物力去建立一个天文观测网？由此，学者们提出了另一种假设——玛雅人修建金字塔可能与外星人有关。

考古学家曾经发现，玛雅金字塔的造型有点两极化。一方面，下面的金字塔雄壮精准、造型美观；另一方面，塔顶的神庙却做工粗糙，一看就是后来加上去的。所以，一些人认为下部的金字塔是外星人的作品，而上面的神庙则是玛雅人后来为了掩饰外星人的踪迹而修建的。

还有人说，玛雅神庙当中出现过很多疑似来自外星的文物。据说在100 多年前，人们从金字塔中发掘出一些奇怪的东西，当时受科技水平所限，人们对这些文物无法进行深入研究。到了今天，经过一番努力，科学家们已经辨认出一部分。其中可能包括：一些精致的凹凸透镜、蓄电池、变压器、太阳系模型碎片以及一些不锈钢和其他未知成分合金制造出来的机械和工具等。有人推测，金字塔原先可能是外星人用来盛放工具等的材料供应库。但是上述说法并没有被证实，考古学家查找了很多资料也没有发现考古界有这样的发现，有可能是一种讹传。

关于玛雅金字塔，还真的发生过几件怪事。

1968 年，一批到玛雅金字塔进行考察的科学家，为了弄清楚玛雅金字塔的内部结构，于是带着几台 X 光射线机进入了玛雅遗址。在测量的过程中，科学家们发现了一件怪事——他们用 X 光照射金字塔的内部结构，每一天拍到的图像都不一样。科学家们觉得非常奇怪，于是专门做了一个实验：用同一台机器在每天的同一个时间对金字塔的内部进行 X 光扫射。他们惊异地发现，所得到的图像竟然也没有一张是相同的！这个诡异的结果让这些科学家感到十分费解。

无独有偶，美国人类学家德奥勃洛维克和记者弗兰廷在对尤卡坦玛雅遗址进行考察的时候也发生了一件怪事。在一次偶然的机会下，他们在玛雅遗址的地下发现了很多用地道连通的地下洞穴，这些地道的结构与金字塔内部的通道非常相似。为了进一步开展研究工作，他们用相机拍摄了 9 张照片作为留念。可是当他们回到家冲洗照片的时候，却发现大部分底片都报废了，最终洗出来的只有一张。而这张图片十分诡异，只拍摄到一片呈螺旋形状的神秘白光。

还有一些认为金字塔与外星人有关的科学家们的论据并非源于玛雅，而是来自埃及开罗。一些考古学家在古埃及金字塔的壁画上发现了外星人太空船模样的图案。这艘太空船看起来就像一个倒扣的碟子，类似于我们今天认同的飞碟的形象。同时，古埃及金字塔中的象形文字文献中曾经提到过疑似外星人制造的飞行器——"飞天马车"。据该文献记载，大约在 5000 年前，有一辆"飞天马车"从天上向开罗坠落。科学家们怀疑金字塔就是由这个飞行器带来的外星生物制造的。

类似的情况，在玛雅文明中也能够找到踪迹。在玛雅遗址中，考古学家们曾找到一个雕刻着类似于火箭升空景象的雕塑，很多人看过雕塑之后认为上面刻画的是一个外星人在操纵宇宙飞船。

一些学者推测说，如果 5000 年前真有一批外星人曾来到地球，那么他们的行程应该是这样的：首先，他们在埃及开罗着陆，在当地修建了大批的金字塔；然后，他们又来到玛雅的热带雨林中，将自己丰富的天文数学知识传授给玛雅人的祖先。玛雅人被他们高超的智慧和先进的科学知识所折服，将这些天外来客奉为神明，深信不疑。

这些天外来客传授给古代玛雅人的科学知识包括天文、历法、农业种植技术和建筑学等，使得玛雅人一夜之间就建立起高度发达的文明。但是，这些学者并不能确定外星人来到地球的主要目的是否就是为了修建这些金字塔。他们认为，金字塔的身上还有很多谜团，目前还无法用科学来解释。或许，它们对于外星人有更重要的意义吧。

一些人猜测金字塔是外星人在地球留下的标记，也有人认为金字塔是外星人放在地球的信号传输装置，还有的人认为金字塔是外星人用于军事用途的卫星——外星人可以利用金字塔来进行信号传输，以便时刻关注地球上人类的一举一动。

不管怎样，这些天外来客修建完金字塔之后，就离开了地球。据说人们在月球的背面和火星上也发现了类似金字塔的建筑物，不过这一说法并没有得到证实。外星人离开地球后，地球上蓬勃发展的两个文明出现了倒退的趋势——考古学家们发现埃及文化中出现了一个不可思议的断代，而玛雅文明也突然陨落。

其实，在玛雅人口口相传的历史当中，也有这方面的记载。古代玛雅人曾有传说是天外来客为他们带来了先进的技术，他们称其为"天神"或者"天人"。这些天神在所谓的"第三个水世界"时期首次来到地球。当时所有的大陆还是一整块，被玛雅人称作龟岛。

根据玛雅人的说法，就是这些天神帮助早期的玛雅人建造了古代文明。天神们后来又多次往返地球，被玛雅人尊称为"中美洲的几扎库托"或"南美洲的维拉科查"。天神们总是在人类陷入危机的时候来拯救地球，还试图教会人们如何和睦相处。

玛雅人中流传的天外来客的故事到此并没有结束，他们甚至能说出这些天神的来历。相传，这些天神来自七星团、猎户座以及天狼星。太古时期，他们从遥远的星际来到这颗美丽的蓝色行星上寻找新的家园，为地球人带来了先进的科学技术。

其实，不仅玛雅人，还有很多美洲土著人也声称自己是天外来客的后裔，比如苏族人、切诺基人。更加离奇的是，在非洲有一个叫作"多共"的部落，他们一直声称自己的祖先来自天狼星，而且坚称天狼星是双星座。当然，他们的说法一直都不被人们接受。直到高倍天文望远镜发明后，人们观测到天狼星真真切切地是由两颗星组成的，这时有些人才开始正视他们的说法。

综上所述，玛雅的金字塔存在着很多疑团。不少学者认为，金字塔其实就是一场玛雅人精心设计的骗局。它本身极有可能是外星人修建的地标式建筑，玛雅人用它来做祭祀，其实就是为了掩饰其与外星人之间的某种联系。虽然这种说法真假未知，但玛雅人在金字塔下举办大型的祭祀活动这一点千真万确，其中就包括血腥的活人祭祀。

文明成就（七）：神秘的象形文字

在文明的诸多要素中，文字占据着显著位置。作为一种符号和载体，文字详细记录了一种文明兴起、发展和衰落的过程。只有通过解读文字，我们才能知道在某种文明的发展进程中究竟发生了什么。

纵观世界几大古老文明，有很多种文明的文字是以象形文字的面貌展现的。比如，古巴比伦的楔形文字、古埃及的象形文字、中国至今仍在使用的方块字以及玛雅象形文字。相较于单纯表示读音的拼音文字，象形文字为后世学者提供了更为广阔的研究空间。象形文字通过一系列或生动或抽象的图画来展现远古时候人们对这个世界的认知。

很多现代学者认为，语言文字重构并再现了人们的意识世界，可以呈现一个民族的意识结构和深层思维。透过玛雅人的象形文字，我们也能更真切地感受到他们所看到的世界的模样。此外，通过解读一些象形文字的抽象含义，我们还可以了解到他们的人生观、世界观乃至宇宙观。

乍一看，玛雅象形文字就像一幅幅简笔卡通画。宗教生活在玛雅人的日常生活中占据着主导地位，因此玛雅文字也在不知不觉中具备了一种神秘主义意味，仿佛以一种后现代主义的手法描绘着现实世界。可见，这种文字不是对客观世界的直观临摹，而是将客观世界进行高度抽象，最终形成了许多让人难以理解的符号。然而，经过解释，我们又会发现这种抽象是合情合理的。同时，这些奇妙的文字还展现了玛雅人的思维方式。因此，我们只有将自己的思维融入玛雅人的思维体系中，才能穿越数千年的时光，理解玛雅文字，体会玛雅人的宗教情感。值得庆幸的是，如今历史学家已经破译了一部分玛雅文字，让我们对玛雅文明的理解又向前迈进了一步。

最初，因为方向性的错误，玛雅文字的破译工作举步维艰。当时，考古学家机械地将玛雅文字与拉丁字母一一对应，试图从中找出二者之间根本不存在的对应关系。于是，在近百年的时间里，玛雅文字的研究工作几乎没有什么进展。

19世纪后期，相关工作才取得突破。一本名为《波波尔·乌》的书正是重大突破口。这本书成书于16世纪，它的抄写者是一位玛雅贵族，他是当时为数不多的同时精通拉丁文与玛雅文字的人。因此，这部典籍前半部分是玛雅文字，后半部分是拉丁文。然而，在后来的战火中，此书的前半部分遗失了，只保留了用拉丁文写成的后半部分。200多年后，学者再次发现了它。无疑，它为玛雅文字的研究工作提供了重要线索。接着，又出现了一些重要证据。于是，越来越多的学者兴致勃勃地投入玛雅文字的破解工作中去。

最初，法国学者波尔为玛雅文字的构成理论做出了重大贡献。1869年前后，他在墨西哥找到一位传教士在16世纪编撰的一本玛雅巨型字典的一部分，还找到一份被称为"马德里手抄本"的著名玛雅文献。接着，他展开进一步研究，出版了一本上文提到的《波波尔·乌》译本。根据他提出的文字理论，玛雅文字作为一种文字体系，与拼音文字区别不大。在此基础上，他还总结出一套与字母表类似的符号。当然，这套理论有着重大缺陷，后继学者试图用他总结出来的这套符号来研究玛雅的抄本和铭文时，发现它压根派不上用场。因此，后世学者才扭转方向，指出玛雅文字不是拼音文字，而是表意文字，也就是说，象形文字表示的是概念，而不是发音。

当然，波尔的理论也并不是一无是处。他在墨西哥发现了一份名为"兰达手稿"的文献，其中记录了一些玛雅文字的意思。人们终于破解了少数玛雅文字的真实意义。

1952年，苏联语言学家科诺罗索夫提出了有关解读玛雅文字的新理论。在此之前，他有丰富的研究埃及象形文字的经验。接着，他对玛雅象形文字中经常使用的300多个符号进行了研究。他认为，如果这些符号只是单纯地表意，300个显然远远不够；而如果利用字母或音节构成语音系统，那300个符号又太多了，世界上没有任何一种语言的基本字母符号能高达300个之多。据此，他大胆推测，其实玛雅文字是一种混合型文字，也就是说，有的字母是表意的，有的字母是表音的。接着，他还进一步推测，玛雅文字中表音的那部分是按照音节来表示的，而非字母。

一开始，这套新理论饱受质疑，原因是玛雅文字本来就很复杂，而玛雅人在记录文字的过程中又加入了大量典故和双关语。于是，科诺罗索夫的理论就有了更多漏洞，频频招致人们的攻击。然而，我们必须承认，他提出的核心观点，也就是玛雅文字是由表意和表音两个部分组成的，是正确的。最终，在20世纪70年代，学术界才广为接受了这一观点，玛雅文明的研究工作也由此步入新的进程。

在这一理论的指导下，越来越多的玛雅文字被成功破译。借助这些文字，我们也更深入地了解到玛雅祭祀、天文、战争、死亡等方面的点点滴滴。这足以说明，在冰冷坚硬的石碑上，在残缺不堪的手稿上，玛雅人用他们精确而深奥的文字深情地记录了他们的历史。

历史上的玛雅人虽然创造了璀璨的象形文字文明，但遗憾的是，他们流传于世的象形文字作品非常少，当然，这主要还是与西班牙殖民者的文化侵略有关。

西班牙殖民者入侵玛雅地区之后，一直受到当地人非常强烈的反抗，二者之间的冲突并不仅仅体现在军事对抗方面，在文化思想领域的冲突更加激烈。在大航海时代，西方殖民者最重要的思想文化武器就是传播天主教，所有殖民舰队中基本上都会有传教士随行。殖民者入侵玛雅地区后，西方传教士便马不停蹄地在当地传播天主教教义，这种行为与玛雅社会中祭司所代表的传统信仰发生了严重的冲突。

这种冲突终于造成了非常可怕的后果——西班牙殖民者的随军主教迪亚哥德·兰达竟然在玛雅地区策划了一次"焚书坑儒"。1562年，他亲自下令将当地所有的玛雅书籍付之一炬，并且判处那些玛雅祭司有罪，处以活活烧死的酷刑。

后来，兰达在自己的回忆录中说："玛雅人使用自己独特的字母文字，他们用这种字符来记载自己的历史与科学知识。通过这些字符以及画作，他们可以相互理解、交流与学习。我们发现了大量这样的书籍，他们的字符看起来像魔鬼所画，书籍中的内容出现了大量迷信与邪恶的内容。于是我的人当着他们的面，焚毁了所有书籍。他们看起来非常遗憾、懊恼以及悲伤。"

兰达和西班牙殖民者的这种疯狂举动，致使玛雅文明几乎遭到毁灭性摧残。在中部的墨西哥地区，有400多部印第安民族的手稿流传至今，其中有50部的历史早于哥伦布抵达美洲大陆。而玛雅文明幸存下来的手稿只有三部，这些都是西班牙人兰达的"杰作"。

当时由象形文字记录着的玛雅历史、文化、知识完全由祭司阶级掌管，兰达烧死了他们，致使玛雅社会的知识分子阶层几乎绝迹。同时，他的焚书行为致使玛雅古代的历史文献只剩下三本手稿。更为严重的是，能够书写和读懂玛雅象形文字的祭司们已经全部遇害，那些幸存的手稿真迹成为真正意义上的天书，至今无人能够完全破译。后世那些研究玛雅历史文化的考古学家们不得不另想办法，从西班牙殖民者留下的文字记录中寻找玛雅文明的踪迹。

不少人提出疑问，玛雅人长期处于石器时代，连金属工具都没有，他们真的能够做出纸质书籍吗？科学家们发现，玛雅人确实发明过造纸术。他们使用一种叫作"玛雅柯巴树"的树皮来造纸：古代玛雅人把这种树皮捣成糊状，然后用天然橡胶作为黏合剂，把它们黏合在一起拉成长条，最后把它们折叠起来。如果非要做个比喻，那玛雅人的纸就像今天的电影胶片一样。

经历了西班牙传教士"焚书坑儒"、时间变迁造成的史料湮灭和气候反复无常催化书籍破损的悲惨经历后，只有三部古代玛雅象形文字手稿幸存下来，分别是《德累斯顿古抄本》《科尔特斯古抄本》和《佩雷斯古抄本》。

三部手稿当中，《科尔特斯古抄本》和《佩雷斯古抄本》的尺寸相同，大约24厘米高，13厘米宽，尺寸就跟现在一个比较大的笔记本相同。《德累斯顿古抄本》的尺寸稍小一点，有20厘米高，9厘米宽，大概就是一个比较长的手册的尺寸。这几部手稿制作精良，不但有封面和封底，还有很多插图，其中竟然还有彩色的。手稿的每一页都用红色的线分成好几栏，阅读的顺序跟我们现在的习惯相同，都是从左至右阅读，直到一栏的文字读完才跳到下一栏。

这三部手稿的页数很多，如果把它们全部排列在一起，长度令人惊讶。《科尔特斯古抄本》共有56张纸，正反两面都有文字与图画，总计有112页内容。如果把这些纸连接起来，大概有7米长。《德累斯顿古抄本》要薄一些，有39张纸，共78页，但其中有4页是空白的，如果将其连接起来，大约有3.58米长。《佩雷斯古抄本》最薄，由11张纸组成，正反两面合计22页，展开来大约1.1米长。

1739年，德累斯顿皇家图书馆于维也纳购得《德累斯顿古抄本》。考古学家试图寻找它最初的来源，结果发现其来历扑朔迷离。奥地利和西班牙都曾经统治过该地区，而且这些地区都曾出现过许多珍贵的文物，比如说阿兹特克皇帝蒙特祖马的珠宝、著名探险家科尔特斯写给西班牙国王查尔斯五世的信等，但根本无法找到最初的出处。人们普遍相信是某位西班牙传教士或士兵把这些书籍带回了西班牙。《德累斯顿古抄本》目前保存在德国的德累斯顿国家图书馆。

《科尔特斯古抄本》20世纪60年代在西班牙被发现。比较有趣的是，这部手稿被发现时并不是一本完整的书，而是分成两个部分在不同的地方被发现。后来学者们发现这两部作品原来源于同一手抄本。这部书之所以被称为《科尔特斯古抄本》，是因为其是一位叫科尔特斯的人从尤卡坦地区带回欧洲的。这部手稿目前保存在马德里的考古及历史博物馆里。

1860年，人们在巴黎国立图书馆烟囱旁边的一个废纸篓里发现了一部手稿，当时它被一张破损的大纸包着，因为纸张表面写着"Perez"，所以这本书被命名为《佩雷斯古抄本》，又称《巴黎古抄本》。后来，人们发现这部手稿原来是用玛雅象形文字书写的。这部手稿此前在很长时间内并没有引起重视，保存条件十分恶劣，一度处于被丢弃的状态，所以已经不完整了，遗失了很多内容。虽然其完整性不能与上述两部手稿相提并论，但也是玛雅文明流传于世的瑰宝。目前，《佩雷斯古抄本》仍然保存在巴黎国立图书馆里。

非常遗憾的是，这三本现存于世的用玛雅象形文字书写的手稿，其内容中几乎没有跟历史有关的描述。《德累斯顿古抄本》是一篇关于天文学的作品；《科尔特斯古抄本》是一本占星术教材，辅助祭司们进行预言；《佩雷斯古抄本》没有遗失的部分则是有关宗教仪式方面的。尽管人们普遍认为玛雅人曾经用手写的象形文字记录了他们的历史，但在这几部手稿中并没有找到与历史有关的内容。

到目前为止，考古学家手中关于玛雅象形文字的著作只有上述三卷手稿。考古学家们对于发现新的象形文字作品持悲观态度，因为玛雅文明古典时期所处的热带雨林地区非常潮湿，在这种条件下，纸质书籍或者手稿非常容易发霉变质。所以，即便还有一些深藏于地下的手稿，也不太可能完好无损地保留到今天。

文明成就（八）：逆境中的璀璨文学

西班牙殖民者占领玛雅地区之后，曾用尽方法想将当地的玛雅文明摧毁掉。每当他们征服一个玛雅城邦，西班牙传教士所做的第一件事情就是将天主教传授给当地的人民。西班牙传教士看不懂玛雅人的文字，所以要求当地的玛雅人用西班牙字母将玛雅人的语言书写出来。

这件看似平凡无奇的小事，却成就了一个意义重大的结果——玛雅人从此开始用西班牙字母表达自己的语言。尽管当时的玛雅语还有几个音节不能用西班牙字母来表达，但是这并不能阻止玛雅文字的西班牙化。

这件事带来的另外一个重要后果是，西班牙人原本只是想用这种新的拼写方法让玛雅人学习天主教教义，玛雅人却用这种方法记录下当时玛雅社会大量的信息。比如，当地传承已久的预言书、玛雅人的神话故事、古代的典礼书、历史上发生的时事以及所有的重大事件都经过这种方式形成书面记录流传下来。也就是说，玛雅人用这种语言和方法编纂了一部当时的历史大百科全书。这些大百科全书记载了西班牙入侵玛雅之后的几个世纪里玛雅世界所发生的重大事件以及社会变革，是一部真正意义上的编年体历史著作。

其中生活在北部尤卡坦地区的玛雅土著人在这方面的贡献尤为突出，他们编写了大批这样的历史手稿。这种手稿在当地被称为"Chilam

Balam 书籍"。第一个单词 Chilam（或 Chilan）是当地土著人对祭司们的称呼。祭司是玛雅社会中的预言者和先知，掌握了大量的祭祀和天文学方面的知识，负责编纂历史书籍的大多是祭司。第二个单词 Balam 的意思是"美洲虎"，在玛雅社会中通常象征着一些神圣、神秘或者难以琢磨的事物。把这两个单词组合在一起，就是玛雅文明中非常有名的文学作品——《契伦·巴伦之书》，这个名字就是两个单词的音译，如果按照玛雅人的解释就是"关于预言家·神秘事物的书籍"，也可以直译为"先知·美洲虎之书"。

《契伦·巴伦之书》据说是由当地的祭司所作，是他们对当时的社会百科进行记录的一部总集。书里面记载的内容五花八门，最主要的有八部，记录了当时居住在尤卡坦的玛雅人各个时期的社会生活情况。其内容复杂多样，涵盖了宗教、历史、医药、天文、文学等各个方面。其中宗教和历史部分主要是以古代流传下来的图画文字写成的文献为参考翻译而成，其他部分则是根据当地的口头传说用拉丁字母拼写记录的。

最初当地玛雅人中流传着很多类似的手稿。但随着时光的流逝，加之战乱的影响，现在只有极少数手稿保存下来。这些残留的手稿对考古学来说意义重大，其中最有意义的部分就是当时的大事纪年表。如今我们的考古学家在研究玛雅历史的时候，大多是参考这些纪年表进行研究的。《契伦·巴伦之书》一共有五份这样的大事年表，一份出现在马尼手稿中，一份出现在提兹明手稿中，另外三份则出现在楚马耶尔手稿中。这几份大事年表对玛雅古典主义时期进行了非常精确的概括，对考古工作的开展帮助很大。

令人遗憾的是，流传至今的这些手稿都不是 16 世纪的原本，而是后人辗转传抄的抄本。

除了《契伦·巴伦之书》外,《波波尔·乌》是另一部玛雅文学巨作。《波波尔·乌》是生活在危地马拉的基切地区(玛雅语为 K'iche'或者 Quiché,所以有时也被译作昆切)的玛雅部落基切人的作品,所以也被称为"基切书籍",基切语的原意为"咨询之书",是美洲大陆上发现的最古老的文学作品,也是印第安文学中最重要的作品之一。

《波波尔·乌》是玛雅南部地区土著人记录当时社会状况最完整的书籍。它的第一部分是写创世的故事以及人类的起源;第二部分记录的是玛雅社会的英雄故事;第三部分简述了部落的建立与发展的历史。《波波尔·乌》中记载了大量的宇宙起源学说、宗教、神话故事、移民历史以及当地部落的历史,对考古学有着十分重要的研究价值。

1702 年,《波波尔·乌》由西班牙传教士弗朗西斯科·谢梅内斯发现于危地马拉。谢梅内斯把它翻译成西班牙文,从此流传于世。《波波尔·乌》的语言风格非常优美,是一部不可多得的文学作品。

与《契伦·巴伦之书》相同的是,玛雅人用基切语写成的《波波尔·乌》原稿也已经找不到了,现在我们所看到的,是后世的学者根据谢梅内斯最初抄录的基切语版本重新翻译的。

其他玛雅比较著名的文学作品还有《索洛拉纪事》《拉维纳尔武士》等。

《索洛拉纪事》又称为《科克奇奎尔编年史》,是居住在索洛拉省的一支玛雅印第安民族科克奇奎尔人编写的。书中整理和保存了当地人民的历史,其中还有一部分涉及宇宙起源、神话故事和宗教传说。书中所跨越的时间段要比《波波尔·乌》更长,甚至包含了西班牙人入侵及之后的历史，在 17 世纪初由当地的学者编纂。

《拉维纳尔武士》是玛雅文学中最独树一帜的作品。之所以这样说，是因为这部作品的体裁居然是一部剧本。而且，它是一部现存古代印第安文学中非常罕见的完全没有受到欧洲思想影响的作品。

其实，戏剧这种体裁很早就在古代印第安人的生活中出现过，而且有着非常广泛的影响。根据史料记载，在古代墨西哥的印第安民族中，戏剧这种表演形式已经相当发达，人们经常可以在广场、宫廷或庙宇中看到戏剧演出。戏剧的题材多取自部落战争中的英雄事迹。《拉维纳尔武士》这部作品描写的是基切部落和拉维纳尔部落之间的一次战争。在战争中，一位拉维纳尔武士跟随部落出征，在战场上英勇杀敌，最后被俘虏。通过对其出征、作战和被俘前后思想感情的细腻刻画，塑造了一个非常鲜明的戏剧形象。整部作品结构完整，台词生动，其中还穿插了民族舞蹈表演，是戏剧史上的精品之一。

19 世纪中叶，一位传教士在拉维纳尔民族老人的口中听到了这部戏剧，他如获至宝，马上用拉丁文记录下来，《拉维纳尔武士》剧本才得以流传于世。

［神言圣语：玛雅人的末世预言与神灵崇拜］

从预言里走出的民族

说到玛雅文明,最神秘、最令人难以置信的一个方面就是他们的预言能力。正因如此,曾经有人说玛雅人是"从预言里走出的民族"。

古时候,科技水平不发达,不少自然现象都不能被人们所理解,所以滋生了迷信的土壤。那时候,人们普遍对大自然存在敬畏心理。在这种情况下,所有的古代文明都留下了预测未来、占卜吉凶的记录。说到预测未来,在所有的古代文明中,只有古代中国文明与古代玛雅文明成就最高。

在古代中国,预测未来被称为"谶纬",历史上涌现出很多有名的谶纬传说或者作品。其中最有名的作品是相传在唐代由著名占卜学家袁天罡和李淳风所作的《推背图》。

而在古代玛雅,负责占卜问卦的是祭司。在玛雅社会中,祭司们地位崇高,有时候甚至能够凌驾于统治者之上。他们被称为 Ahkin,字面意思是太阳之子,负责占卜吉凶。一旦他们推算出将有祸事发生,就必须进行一场祭祀活动,这也就意味着有人要献出自己的生命了。

玛雅人曾经留下一部用象形文字写成的占卜学手稿《科尔特斯古抄本》,是专门用来辅助古代祭司们占卜的书籍。遗憾的是,这本书到目前为止并没有完全被破译。同样的情况也发生在中国的《推背图》上。

《推背图》相传是道士李淳风所作的为唐太宗李世民推算大唐国运

的作品。他曾经把自己关在屋子里推算未来，一直算到几千年后的中国历史。全书一共有 60 幅图像，每一幅图像下面都有预言及预言诗一首。据说，当时李淳风在屋里预测得入了迷，就连袁天罡进来都没有发现。袁天罡嫌他泄露天机太多，于是轻轻在他的背上推了一下。李淳风这才醒悟过来，停止了占卜，所以这部作品就被称为《推背图》。

《推背图》从唐朝初年一直预言到现代社会，据说是最准的占卜学作品。但有不少人质疑《推背图》是否真的存在。目前，就历史典籍方面的证据来看，历史上确实存在一部叫作《推背图》的占卜作品，但现在市面上流行的由清代学者金圣叹批注的版本，可能有点问题。

这个版本的《推背图》据说是英法联军 1860 年火烧圆明园的时候，从圆明园里传出的。还有人说这部作品原本收藏在中国台湾省台北故宫博物院里，但台湾当局否认了。专家们通过分析其内容发现，这个版本的《推背图》极有可能是晚清的人伪造的。这个版本名义上的批注者是金圣叹，他是清朝初期的学者。批注本里有一则关于太平天国的提示，如果这个版本是真的，那么关于金圣叹的史书部分肯定会留下诸如"金圣叹早已预料到太平天国"之类的记载，而清代的历史上完全没有提到有人曾预测到太平天国运动的事情。

但这并不能否认《推背图》这部作品的存在，只是暴露出古代预言的最大软肋——真实性。古代的不少预言其实并不准确，只是后人人为地篡改或牵强解释之后，它们看起来会非常准确。心理学家曾说过，如果预言说得模棱两可，人们会本能地选择往准确的方向去相信。

比如说，玛雅人曾经有这样一个预言，说某个神明将会带着一些半人半神的手下来到这片大陆，还玛雅社会一个清平世界。这个预言使得西班牙殖民者入侵的时候压力骤减，因为西班牙人的鹰钩鼻子看起来就像玛雅传说中神明的化身；而他们手中的枪支，则是传说中可怕的武器。所以，玛雅人一度把西班牙殖民者看成神明而不加抵抗。这就是人们思维中的误区。

其实，古代文明的统治阶级面对预言时的心理是非常矛盾的。一方面，他们希望有预言者能够帮自己预测福祸吉凶；而另一方面，统治阶级又不希望真有人掌握这种技术。从中国历史来看，方士、道士、术士、和尚都曾有预测福祸的行为，历史典籍中也有专门为他们立传的"方技"篇。在很久以前的奴隶社会，国君在出征之前都会求神问卜，这些都涉及预言。玛雅人在作战之前，也需要祭司进行占卜，甚至有时作战还要抬着神像同行。

但是，统治阶级绝不希望有人借助预言来扰乱自己的统治。中国历史上最有名的例子是秦始皇时期的"亡秦者胡"的预言。这个预言使得秦始皇误以为秦朝会灭亡在胡人的手里，于是派三十万大军北上驱逐匈奴，且集全国之力修筑万里长城，以抵御北方少数民族入侵。但他的这些政策客观上激化了当时的社会矛盾，最终导致秦朝灭亡。后来，人们传说"亡秦者胡"当中的"胡"指的并不是胡人，而是指胡亥，也就是秦始皇的儿子秦二世。相传胡亥是一个庸君，与太监赵高合谋杀害了秦国储君，也就是自己的哥哥扶苏，最终导致秦国灭亡。

在中国古代，不少人起来反抗当时朝廷的统治，所借的名义也跟预言有关。比如，秦末的陈胜、吴广起义就采用了这一套路——他们用朱砂在一块布上写了"陈胜王"三个字，然后塞进鱼的肚子里。有人抓到这条鱼，见到字条，这个预言就流传开来，最终成功煽动人们揭竿而起。

当然，玛雅人也吃了轻信预言的大亏。上文说到玛雅人相信西班牙人是天神下凡，所以很多时候未战先怯，几百个西班牙人就击溃了几万人的玛雅部队。更有甚者，当西班牙殖民者打进来的时候，有个部落的祭司竟要求他们晚三十几年再来，原因是西班牙人出现的时间跟预言里的时间不符。还有一个阿兹特克部落酋长的女儿因为相信这一预言，嫁给了西班牙殖民者，充当了西班牙殖民者走狗的角色。

具体到上文的《推背图》，也有一个有意思的故事。据说这本书的预言太准了，历朝历代都把它列为禁书，原因是统治阶级害怕自己的国运被泄露出去。假如《推背图》中预测唐朝只能存在三百年，而真的到了三百年的时候，唐朝人民起来反抗朝廷，要求改朝换代怎么办？所以这本书一直被禁。

后来，到了宋太祖的时候，大臣们请求他封禁这本书。宋太祖笑笑说，不必如此，只要找人印一些假的"推背图"在市面上发售就可以了。真真假假掺杂起来，没人知道哪一部是真的、哪一部是假的，也没有人知道应该相信哪一部，这个问题就解决了。

所以，古代文明中的预言，有很多是后人加工过的，不足为信。

"古代玛雅人五大预言"是什么

相信有很多人都听说过古代玛雅人神秘的五大预言，而且不少人信誓旦旦地说，古代玛雅人的五大预言中已经有四个应验了。那么，玛雅人的五大预言到底是什么，真的有四个已经应验了吗？

我们搜集了一下关于玛雅人五大预言的资料，结果发现众说纷纭，其中有一种"古代玛雅人五大预言"的说法是这样的：

第一个预言，古代玛雅人曾经准确地预测到自己的末日。尽管这样，他们也没有办法改变自己的命运。

第二个预言，古代玛雅人不但预测到汽车的发明、飞机的问世，甚至能勾勒出火箭的模样。

第三个预言，古代玛雅人成功地预测到德国法西斯罪魁祸首希特勒出生和死亡的时间。

第四个预言，古代玛雅人预测到世界会被毁灭性的战争威胁所笼罩，还准确预测到一战跟二战爆发的时间。

古代玛雅人的第五个预言，也就是最后一个预言是一则末世预言，即2012年12月21日的黑夜降临以后，22日的黎明将不会到来。

这也是目前网络上流传得比较广泛的一个版本。在这个版本的后面，作者甚至还标注了"前四个预言已经应验了，而第五个预言正在应验当中"的文字，听其语气，言之凿凿。但是，我们翻阅了很多关于玛雅的书籍，都没有找到玛雅人曾经做出这五种预言的证据。

后来有人指出，除了第五条之外，其余四条是一些人把玛雅预言与法国著名预言家诺查丹玛斯的预言截取、拼凑在一起后的移花接木之作。

诺查丹玛斯是法国籍犹太裔预言家，可能是这个世界上最有名的预言家之一。出生于1503年的他，曾经对未来做出很多准确的预测。

他曾经为后世留下一本以四行诗为写作形式的预言诗集——《百诗集》（不少人津津乐道的预言书《诸世纪》就节选自这本诗集），其中曾经准确地预测到未来才会发生的大事，比如法国大革命、飞机的出现、原子弹的出现等。

而上面这个版本的"古代玛雅人五大预言"中所谓的飞机、汽车、火箭、一战、二战，乃至希特勒的出生、死亡，原本都是出自诺查丹玛斯的预言，跟玛雅人没有半毛钱关系。但是好事者把前四条与玛雅人的第五条预言联系在一起，组合成一个所谓的"玛雅五大预言"。

说句题外话，关于诺查丹玛斯这个人，也是众说纷纭。有些人认为诺查丹玛斯的预言非常准确，但是也有学者认为诺查丹玛斯的四行诗写得晦涩不明、模棱两可，描述非常广泛，没有任何精确的表达，其准确性大多是建立在人们牵强附会的基础上的。

言归正传，我们还可以找到另一个关于玛雅五大预言的版本。这个版本中，"古代玛雅人五大预言"是这样的：

第一个预言是关于世界末日的。其说法跟上述版本中第五个预言是相同的。也就是说，在2012年12月21日的晚上降临之后，人们将看不到22日黎明的太阳。

第二个预言是地球的两极会发生倒转。出现这种情况的时间也是在 2012 年。古代玛雅人认为在 2012 年，地球会出现南极和北极调转的现象，地球的外壳和表面会突然分离，导致地心内部的岩浆喷射出来，人们将会遭遇灭顶之灾。

第三个预言是两天体重叠。根据这个预言，太阳将会改变自己的行进路线，穿过银河系的最中央，改变地球的引力，从而加速地球的灭亡。

第四个预言则是有行星会撞上地球。玛雅人预测，有一颗从来没有被发现的行星将会全速撞向地球。一旦发生正面碰撞，地球将从宇宙中消失。

最后一个预言是太阳风暴。据说太阳耀斑是有规律可循的，其爆发周期大约是 11 年。而古代玛雅人预言，在某个时间点，强烈的太阳风暴将会烤焦地球上的一切东西，导致人类灭亡。

这个版本的玛雅五大预言，同样无法在历史资料中找到证据。而且，这个版本的五大预言，跟玛雅人的天文学知识也不相符。

玛雅人虽不曾拥有我们现在的科学文化知识，但他们对天文学以及数学的精通令人叹为观止。而且，历史长河中的玛雅文明，即便是在巅峰时期，其生产力水平也不过是处于石器时代晚期。尽管他们拥有发达的道路系统，却连轮子都不会使用；尽管他们能建造宏伟的建筑物，却连牛马都驯服不了；尽管他们曾经把月亮画在神庙的壁画上——后来的科学家发现其竟然是无法从地球上观测到的月球背面的图像，却始终认为地球是整个宇宙的中心。

科学家们认为，并没有证据能够证明玛雅人掌握了可以探知地球两极以及太阳黑子的知识。这个版本的五大预言，更像出自现代人之手,而且不像预言,更像猜测"出现世界末日的原因",后四个预言显然是为了分析第一个末世预言形成的原因,所以基本上可以断定为后人杜撰。

古代玛雅人口中的"太阳纪"是什么

其实,古代玛雅人流传的预言,并没有"五大"之说。所谓的"五大预言",实质上是人们对于古代玛雅人将世界历史分为五个太阳纪的误解。古代玛雅人曾经将世界历史分为五个阶段,其中每个阶段就是一个玛雅人所说的"太阳纪"。

在玛雅人的世界历史认知当中,第一个太阳纪是马特拉克堤利(Matlactil Art),玛雅人称为根达亚文明。在玛雅人的传说中,根达亚大陆是在距今96.2万年前,海底火山爆发导致海底升高而形成的大陆块。如果放到现在的位置,就是连接非洲大陆和南美大陆的海域。在距今73.5万年前,由于地壳变动的原因,大块陆地消失,原来的整片大陆断裂,分成了非洲、南美洲两个大陆。

根达亚文明是一个超能力文明,其居民身高都在1米左右。男人跟女人又有很大的差别:男人有翡翠色的第三只眼,三只眼的功能各有不同。有的眼睛可以预测未来,有的眼睛可以杀伤别人等,而女人就没有第三只眼。因为这个原因,女人的地位没有男人高。但女人负责孕育下一代,传说她们的子宫拥有神的能力。女人在怀孕之前会与天上的天神沟通，如果结果令人满意，她们才会怀孕。在玛雅人的传说中，根达亚文明最后毁于大洪水引发的大陆沉没。

玛雅人的第二个太阳纪是伊厄科特尔（Ehecatl），也就是美索不达米亚文明。该文明位于南极地区。根据玛雅人的说法，美索不达米亚文明是根达亚文明的幸存者创立的，两者延续于一个文明。只不过，幸存者们已经把从前的历史忘记了，而他们的超能力也渐渐消失了——在根达亚文明时期，男人有第三只眼睛，可是到了美索不达米亚米文明时期，男人的第三只眼逐渐消失。

另外，这一阶段的文明是一个吃货的文明。据说，美索不达米亚的居民非常爱好美食，整天都在研究怎样做美味可口的食物，发明了各式各样的菜谱。所以，这个时期的文明又被称为饮食文明。美索不达米亚文明最终毁于地球的磁极转换。

玛雅人口中的第三个太阳纪是奎雅维洛（Tleyquiyahuillo），也就是穆里亚文明。作为玛雅人推测的地球上第三次大型文明，穆里亚文明也被称为"生物能文明"。这个文明是上个文明（也就是美索不达米亚文明）的幸存者建立的。穆里亚文明存在于距今3.5万年前到1.5万年前这段时期，应该是地球上存在时间最长的统一文明。

这个文明也被称为植物文明，得名于美索不达米亚文明的先祖们早就注意到植物在发芽时会产生一种能量，这种能量非常强大，可以为世界提供能源。他们经过一个世纪的研究，发明了可以利用植物能放大能量的机器。这个文明最后也是毁于洪水入侵、大陆沉没。但在沉没之前，一些幸存者造出船只逃离家园，穆里亚人成为地球上第一个航海国家。

第四个太阳纪是一个比较特殊的时期，玛雅人称这个时期为宗德里里克（Tzontlilic），也就是我们经常听到的亚特兰蒂斯文明，玛雅人把它称为光的文明。玛雅人认为，亚特兰蒂斯文明实际上继承自穆里亚文明。但是他们的居民并不是地球的原住民，而是来自猎户座的殖民者。传说他们具有光的能力，能够使大地下起火雨。亚特兰蒂斯文明的居民们在穆里亚文明时期就已经来到地球，而且与穆里亚文明进行过一场核战争。这个文明灭亡也是因为一场大洪水。

玛雅人的第五个太阳纪被称为情感的文明，这个时期的人们拥有丰富的情感。根据玛雅人的"卓尔金历"算法，这个太阳纪的时间是从公元前3113年起到公元2012年12月止。换句话说，我们其实曾经身处第五个太阳纪之内。玛雅人有种说法，即2012年冬至的时候，第五个太阳纪就会灭绝，从而进入下一个太阳纪，也就是精神文明。

但也有一种说法是，不会再有下一个太阳纪了。在第五个太阳纪这段时期内，我们所处的太阳系正经历着一个长达5100多年的"大周期"。在这个"大周期"内，不仅地球，整个太阳系也都在穿过一束来自银河系核心的银河射线。在2012年12月21日这天，经过5125年的运行，地球完全穿越了这条射线，结束了本次人类文明。此后，人类将告别情感的文明，进入下一个阶段。

其实，玛雅人有关五个太阳纪的内容，并没有在历史资料中得到证实。

首先，关于第一个文明（根达亚文明）和第三个文明（穆里亚文明），历史上对它们并没有任何记载，没有任何资料或者证据证明它们曾经存在过。而第二个文明美索不达米亚文明则真实地存在于历史当中，但这个文明与玛雅人所说的文明出入很大。玛雅人认为这个文明位于南极，但历史上记载该文明位于底格里斯河和幼发拉底河之间的新月沃土（也就是美索不达米亚平原，位置约在现今的伊拉克境内），是西亚文明的发源地，当地居民也不是什么吃货。第四个文明亚特兰蒂斯文明最被人熟知，而且它身上的谜团并不比玛雅文明少。这个文明是不是真的存在过，直到今天史学界对此仍有不小的争议。而且，关于它存在的位置的说法也是五花八门。但大家普遍认同的是，该文明的居民绝不是来自猎户座的殖民者。

综上所述，古代玛雅人传说中的五大文明，很难在目前存世的史料中找到蛛丝马迹。当时社会上传得沸沸扬扬的玛雅预言，指的其实是第五个太阳纪的结束，因为玛雅人所说的前四个太阳纪都是过去的事情，而只有第五个太阳纪结束的时间是在 2012 年。在 2012 年以前，人们不知道未来会发生什么，于是就把"最后一个太阳纪将终结于 2012 年"当作一个世界末日的预言。

为什么玛雅人会预言 2012 年是世界末日

在人类历史上，世界末日即将降临的话题一共出现过两次高潮，第一次是在 1999 年前后，当时在社会上造成恐慌的是法国著名预言家诺查丹玛斯的那句"恐怖大王从天而降"。

上文中，我们曾提到过诺查丹玛斯，他可能是世界预言史上最为著名的人物。诺查丹玛斯曾经是一位医生，在疟疾横行的中世纪救过很多人的性命。同时,他也是一位反抗教会迷信理论的先行者。因为这个原因,他曾长期被教会通缉,过着流离失所的生活。

据说他在意大利流亡的时期,曾遇到一位养猪的年轻教士。他马上跪在教士面前对他说:"你好,尊敬的教皇陛下!"场面一度令当时围观的人们不知所措。多年以后,也就是诺查丹玛斯去世后的1585年,那位年轻的养猪教士佩里特正式接任教皇,即历史上的塞克斯托恩五世。

此外,诺查丹玛斯还曾为法国国王亨利二世作过一首预言诗:"年轻的狮子会击败年老的狮子,在花园里一对一的比赛正在进行,他刺中了黄金护具里的眼睛,两伤合为一处,不久他便疯狂死去。"当时不少人都不知道这首诗的含义,一直到亨利二世的女儿出嫁那天。亨利二世为庆祝女儿婚礼,举办了一次比武,头上的护罩却突然脱落,被苏格兰卫队长蒙哥马利的短矛刺中眼睛,最终不治而亡。

诺查丹玛斯还曾成功地预测到一战爆发、汽车和飞机的出现乃至希特勒的出生与死亡。1554年以后,他停止行医,开始出版预言集。20世纪末,他的预言书《诸世纪》在市面上以纸质出版物的形式流传着,他在书中曾经预测1999年7月将会发生恐怖的事情。因为他的预言准确率惊人,所以在临近1999年时,曾在世界范围内造成了一定的恐慌。

原本的预言诗是这样的:

"1999之年,7之月上,恐怖的大王从天而降,致使安格鲁莫尔(音)大王为之复活,这期间,马尔斯(音)将借幸福之名统治四方。"

值得一提的是,在诺查丹玛斯所有的预言诗当中,都没有准确的提示时间,只有这首完全地指示出时间,于是就被认为是世界末日的预言。

但后来人们发现,诺查丹玛斯也有看走眼的时候。他曾预言法国一位国王能活到 90 岁，而最终这位国王只活到了 30 岁。还有一次就是这则末世预言，1999 年顺利地过去，人们都还好好地生活着，谁也没有见到恐怖大王长成什么样。

第二次末世话题大爆发，发生在 2012 世界末日预言，这次的始作俑者被换成了玛雅人。相比 1999 年，由于全球性互联网的普及，这次 2012 末日预言的影响范围更大，几乎全世界的人们都讨论过 2012 这个话题，好莱坞还专门就这一话题拍了一部叫作《2012》的灾难电影。

为什么玛雅人会预言 2012 年是世界末日呢？我们还要接着上一节玛雅五大太阳纪的话题说起。

根据玛雅预言，每当一个太阳纪终结的时候，地球上都会发生非常可怕的大灾难。比如，在第一个、第三个和第四个太阳纪即将终结的时候，地球上都出现了滔天洪水，淹没了人们原本生存的大陆。而第二个太阳纪虽然躲过了大洪水，却毁于地球磁极变换。毁灭前四个太阳纪的这几次大灾难，都导致当时地球上的人类大批死亡，文明就此终结。但是，只是人类大批死亡，并不意味着地球上所有的生命都被终结，根据玛雅人的说法，地球并非人类所有，人类却属于地球所有。

在玛雅预言中，2012 年以前我们生存的地球，处在所谓的第五个太阳纪的末期。根据以往的传说，从第一到第四个太阳纪末期，地球都会陷入空前的大混乱中，而且往往会在一连串惨不忍睹的悲剧下落幕。玛雅人曾说，地球在灭亡之前一定会先发出警告，紧接着就会上演一出惊心动魄的毁灭剧情。于是，玛雅人关于"2012 年 12 月 21 日的黑夜降临以后，22 日的黎明将不会到来"的说法越传越甚。

在 2012 年往前倒数几年，人们对此展开过激烈的讨论，不少人甚至因害怕世界末日到来而囤积了大量的生活物资。好莱坞以此为背景，斥巨资拍摄了一部叫作《2012》的电影，这部电影花费的成本打破了影史的历史记录，直到《阿凡达》出现时，它才将"最烧钱电影"的称号拱手相让。更有甚者，我国河北省居然有人真的打造了一堆球状的"末日方舟"准备出售……

其实，人们之所以会恐慌，也不是没有缘由的。玛雅历史书籍的最后一章里，大多是关于年代的纪录。而不知何故，玛雅史书的年代记录全部在"第五太阳纪"的尾声时宣告终结，这就导致很多人认定玛雅人是在预言：地球上的人类将在第五太阳纪覆灭。他们传说当第五太阳纪终结时，要么会发生太阳消失的情景，要么会发生地球大地震的剧变，要么会发生大洪水淹没大陆的惨状。

还有人支持这样一种说法，即太阳纪只有五个循环，每循环一次，太阳就会死亡一次。一旦太阳经历过5次死亡，地球就会终结毁灭。他们去翻阅玛雅人的历法，发现第五太阳纪始于玛雅纪元3113年，历经玛雅大周期5125年后，将在公元2012年12月21日前后终结。

另外，古代玛雅人遗传下来的那本著名的由象形文字书写的《德累斯顿古抄本》手稿中的最后一页，也有着关于世界末日场景的描述。该场景描述的是一场滔天洪水将毁灭整个世界。还有玛雅预言书记载，在世界末日的那一天，会发生一场气候剧变，成千上万条鳄鱼向大地吐水，将引发一场严重的自然灾害。

但考古学家们反驳说，这仅仅是对世界末日现象的想象而已，同样的描述存在于许多国家、民族的传说中，但都没有指出世界末日的准确时间。

当然，后来的事情我们也知道了：在一片恐慌声中，2012 年平稳度过，如同 1999 年那个炎热的 7 月一样，时间静悄悄地溜走，生活依然在继续。

那么，玛雅人的 2012 年预言是不是胡编乱造的？假如它不是末世预言，那它究竟是什么？

关于末世预言的破译与解读

如果想要准确地破译与解读玛雅预言，我们需要了解一下 2012 这个预言到底是怎样流传出来的。

上面的章节中我们曾经说过，玛雅人在生活中主要使用两种历法。一种是用来指导农业生产的太阳历，也就是每年有 18 个月，每个月 20 天，最后一个月由 5 天禁忌日组成，加在一起，跟现在公历的 365 天吻合。另一套历法"卓尔金历"是用来指导宗教活动的，即每月 20 天，每年有 13 个月，算下来每年只有 260 天。

古代玛雅人同时使用这两种历法，如此一来，它们之间就会产生冲突。后来玛雅人通过计算发现，每隔 52 个地球自然年，这两套历法就会重合一次。于是，古代玛雅人就认为这个世界每隔 52 年就会轮回一次，这也是古代玛雅的金字塔每隔 52 年就会加盖一层的原因。

然后，对于超过 52 年的历史，他们又根据 20 进位制的算法计算出每 1872000 天就是一个大轮回，换算成自然年就是 5125.37 年。也就是说，每隔 5125 年左右，就是玛雅人口中的一个"大轮回"。根据玛雅神话传说，这个世界的第五个太阳纪诞生于公元前 3114 年 9 月 6 日，按照古代玛雅人的计算，本次"大轮回"结束的时间就是 2012 年 12 月 21 日左右。这就是"2012 世界末日"说法的真正来源。

科学家们经过对玛雅历法的研究，也揭穿了所谓的"世界末日"的谎言。他们发现，其实玛雅历法并没有在 2012 年结束，玛雅人自己也没有把这一年当作世界的末日。2012 年 12 月 21 日前后，中央电视台曾专程派记者到中美洲采访现代的玛雅族长老，对方接受采访时明确表示，他们的祖先从未预言过世界将要在 2012 年毁灭。另外，玛雅长老皮克顿也证实说，末日理论起源于西方，玛雅人从不知道自己的祖先预测 2012 年是世界末日这回事。考古学家们认为，玛雅人所说的 2012 年的变化，应该指的是人类在精神与意识方面将有巨大转变，从而进入一个新的文明时期。

虽然不是世界末日，但 2012 年 12 月 21 日对于玛雅人来讲，其重要程度不容置疑。美国科尔盖特大学的考古天文学家安东尼·阿维尼是一名资深的玛雅文明研究专家。阿维尼认为，玛雅人对于时间历法和天文学的研究比其他许多古文明都要精确。根据玛雅人的"长历法"计算方式，2012 年冬至意味着当前时代的轮回结束，长历法重新从"第零天"开始计算，新的轮回重新开始。阿维尼认为："2012 年仅仅是一个重新计时的时期，这与我们每年元旦或周一早上，重新开始一年或一周生活的意义完全一样。"明白了 2012 的来历，那么就不难理解所谓的 2012 年节点其实就是玛雅人历法交替的一个时机，就好像我们从 20 世纪跨入 21 世纪的最后一年那样，只是在历法上代表一个纪元的终结，并不意味着世界的毁灭。

由于各种文化和语言上的差异，加之一些别有用心之人的渲染，"纪元的终结"概念被替换成"世界的毁灭"，"2012世界末日"这样吸引眼球的劲爆说法就应运而生了。

事实上，阿维尼认为玛雅人根本不擅长预言。按他的说法是："玛雅人对于时间的认识，大多是针对过去的时期，而不是未来。你真正了解了那些关于长历法的记载后，就会发现，那里面讲的大多是玛雅统治者和他们祖先的事情。一般情况下，统治者把自己的祖先说得越久远，就越能说明他的统治地位的合法性和正统性。我认为，这就是玛雅统治者极力推行使用长历法的原因。从这个角度看，玛雅人的长历法并不是为了对未来做出预测，而是为了记录和证实过去。"阿维尼认为，这种末世的设想并不能当作末日的证据来看待，甚至根本不能把它看成一种预言。

也就是说，玛雅人中流传的五个太阳纪的说法，记载的其实是过去的事情，并非对未来的预言。这种世界末日的假想在其他古代文明中也曾出现过，并非玛雅人的独创。

另外，天文学家们也对流传的预言说提出了反驳。玛雅人所谓的第五太阳纪中提到，在2012年12月21日这一天，太阳将穿过银河的一束射线，到达所谓的银河系"银道"（galactic equator），而这一特殊的事件据说每隔2.58万年才会发生一次。然而，根据天文学家们的观察，实际情况是银河系并没有确切的"银道"，而且它不是一条线。事实上，过去几年的冬至时分，太阳就在银道上，今后的几年时间内仍将位于那里。

还有学者认为，末世预言家们所担忧的 2012 年根本不是玛雅第五太阳纪的末年。西班牙殖民者在 16 世纪入侵玛雅时，当时有多达 4 种历法流传在玛雅社会。关于玛雅历与我们目前使用的公历之间的换算方法，目前最广为使用的是 GMT 换算。GMT 换算就是将玛雅的创世日期 13.0.0.0.0（玛雅的纪年日期）定于公历的公元前 3114 年 8 月 11 日。末世说中广为流传的 2012 年 12 月 21 日，也是通过 GMT 的方法换算出来的。

但人们有所不知的是，在过去的 20 年时间里，GMT 换算法受到天文学家和考古学家的广泛质疑。原因是 GMT 换算并不能完美地涵盖玛雅人的所有历法，其与玛雅人的另一种历法——每年 584 天的金星周期（Venus cycle）历法相冲突。对此，研究人员进行了修正，得出的结论是：玛雅日历第五周期的结束之日并不是 2012 年 12 月，而是要向后推移 200 多年，即 2220 年 12 月 21 日、22 日或 23 日。

如此看来，对于玛雅人 2012 的预言，似乎还有很多内情没有揭开。

玛雅人的迷信生活

根据阿维尼的说法，玛雅人可能不是一个擅长预言的民族，但他们绝对是一个迷信的民族。

西班牙殖民者征服了玛雅地区之后，传教士们立即开始对玛雅人进行天主教输出。但是，经过四五百年的努力，天主教还是没能占据玛雅人的心灵。从目前来看，大约有 200 万人口的玛雅人后裔依然不是虔诚的天主教徒。目前，居住在中北美洲的玛雅后裔当中，只有少数玛雅女性是天主教信徒，这还是建立在玛雅人中只有男性才有信玛雅宗教的权利的前提下。令人意外的是，当今玛雅人后裔中，有很多小孩子却接受过天主教的洗礼。小孩经过洗礼，但成年之后不信仰天主教，这的确令人费解。学者们分析，这可能是玛雅人的居住环境比较分散，当地很少有天主教教徒传教授义的缘故。这种情况导致绝大多数玛雅人对天主教教义处于一知半解的状态。

天主教没有在玛雅地区传播开来，玛雅人自己的古代宗教流传下来的东西又不多。这样说来，人们印象中的玛雅人应该没有什么宗教信仰才对。如果你这么想，那可就大错特错了。当年西班牙殖民者毁掉的是玛雅的历史传承，并非宗教信仰。尽管当年不少祭司被杀，但这并不意味着玛雅人就舍弃了自己的宗教。事实上，玛雅人有很多偏执甚至迷信的生活习惯。这些生活习惯来源于两个方面：一方面，玛雅古代宗教遗留下来的东西；另一方面则掺杂了许多西班牙殖民者带来的中世纪民间传说。

学者们认为，我们所说的迷信，实际上就是原始人类对于天文、地理、数学或者自然的初步认识。由于他们的知识水平不足以科学地解释自然界的各种现象，他们就用一种非自然的方式来解读它。并且，迷信往往伴随着人类社会的发展展现出传统性、延续性的特点。早期的人们对迷信的理念深信不疑，把它们当作生活常识、自然习惯去理解、传承，甚至当成非常重要的生存经验，伴随着血缘关系的传承而认真遵循、世代相传。

玛雅人那执迷不悟的迷信心理颇值得玩味。比如说，玛雅人对于梦境的解读有着自己独特的看法。如果一个人梦到自己在拔牙，拔牙过程中的痛楚非常明显，那就预示着他的一个近亲可能命丧黄泉；如果在梦境中受到的痛楚比较轻，那么即将去世的人会是他的一位远亲。如果梦到红色的土豆或者西红柿，预示着婴儿的死亡。如果梦到黑色的野牛冲进家中，预示着可能有近亲去世。如果在梦中摔碎了水罐，或者在空中飘浮，也是家庭成员即将离世的征兆。

现代精神病学说认为，梦是现实生活在大脑中的折射，有时的确会有预警征兆的情况出现。现代医学还发现，梦是人类生理系统的警示器。不过，古代玛雅人并没有这样的专业知识，他们只是单纯地将梦境与生活预测联系起来，形成了一种迷信观念。其实，这不单单是玛雅人独有的特质，古代中国同样存在《周公解梦》这样用迷信方法来解读梦境的作品。

两者不同的是，古代中国解梦的结果可以用喜忧参半来形容，即既有好的预兆，也有不好的预兆。但玛雅人的解梦结果，大多是凶兆。他们认为，梦境大多预示着不吉利，吉利的情况非常少。所以，我们看到上面的解梦结果往往伴随着亲人去世的预测，做个梦就有全家出事的危险。

在人生观方面，玛雅人也有某种类似迷信的偏执。他们迷信命运，认为该来的一定躲不掉。很多玛雅老人尽管身体健康、无病无痛，但只要他们认为自己要死了，就会静静地躺在家里等死。

对于生活中的一些现象，玛雅人也会体现出他们迷信的一面。比如说，现代玛雅人在扫地时如果不小心扫过一位小男孩的脚面，那么就会认为这个小孩将来可能娶一个比自己年纪大的女人。如果不小心中招的是一位小女孩，那么这位女孩将来可能嫁给一个年纪比她大的男人。所以，玛雅人在扫地的时候总是小心翼翼的，唯恐会导致孩子将来婚姻不幸福。当然，自由恋爱仅限于现代玛雅人。在古代，玛雅人的婚嫁与古中国有点类似，不能自由恋爱，必须通过祭司的批准才可以成婚。虽然古玛雅允许一夫多妻，但绝大多数玛雅人是一夫一妻。古代玛雅男人也可以休妻，如果对妻子不满意，一年内可以与妻子离婚。

还有另外一些可以归为迷信的情形，比如说：

玛雅人划火柴时不小心将火柴掉在地上，就会停下来仔细观察。如果火柴掉到泥地后仍在继续燃烧，那就预示着将有好运降临。如果火柴一直烧到尽头才熄灭，那么将火柴掉在地上的这个人就会长寿。

玛雅人如果听到外面有黄鹂在唱歌，看到门外有蝴蝶展翅高飞，看到他们的猫突然在洗脸，或者看到蜻蜓飞到屋子里，那么就会赶紧准备饭菜，因为这些现象预示着有亲戚朋友要来串门了。

玛雅人如果看到大得出奇或小得出奇的鸡蛋，听见猫头鹰的叫声或者看到一种红眼睛的绿头蛇，就会加倍小心，因为这些都是坏运气的象征。

玛雅人相信自然界存在着一些小妖怪，这些小妖怪会为家庭成员带来疾病。所以，他们会在自己的门口放上一些装着食物的葫芦，为的是让那些小妖怪在门口吃饱，不要进到自己的家里搞东搞西。

玛雅人如果发现木头燃烧过后的灰烬飘在空中，绝对不会躲避，因为一旦躲避，那么家里饲养的火鸡（后期少数玛雅家庭开始饲养的一种类似鸡的动物）就会死掉。还有，鸡在星期五产下的鸡蛋千万不能留，因为它是不吉利的——这个忌讳更多是受天主教的影响，应该是西班牙殖民者带来的后遗症。

对于那些外出打猎的玛雅猎人来说，忌讳就更多了。如果一个猎人在森林中猎取到一头鹿，那么他需要非常小心地处理这头鹿。如果他把鹿的内脏或一些特定的器官卖掉，那他马上就会遭遇厄运。如果他在灌木丛中发现一只鹿角上挂着蜂巢的鹿，那么千万不要试图射杀它，因为这可能是一只鹿王，一旦射杀了它，猎人也会当场身亡。还有，古代玛雅人如果想诅咒一个猎人，没有比向他买些鹿肉，然后把吃剩的骨头扔进井里更直接的方式了。由此看来，玛雅地区的猎人似乎是一个高危职业。

当然，也不能说玛雅人的生活习惯全部带有迷信色彩。他们的一些生活常识还是具有一定科学性的。古代玛雅人与古代中国人一样，都有一些有关农时的谚语。比如说，看到燕子低飞，就预示着雨天就要到来；发现今年的玉米叶子比较薄，就预示着今年的冬天会比较暖和。相反，如果田里的叶子非常厚，那么今年冬季的温度就会比较低。

但是，很多农业习惯也是介于科学与迷信之间的，比如在玛雅人的生活中，蝉是一个非常重要的伙伴。古代玛雅人在农业活动中采用刀耕火种的方式，每当放火烧田时，如果风向不对，很容易烧死人。古代玛雅人怎么决定烧田的时间呢？答案是，他们会根据蝉的活动进行一年当中最重要的烧田活动。需要点火之前，祭司们就跑去大树边侧耳静听，根据蝉的叫声来决定放火的时间与方向。

相比上面那些虚无缥缈的迷信活动，玛雅人的谚语则更具科学性。部分谚语是人类观察、思考、经验以及智慧的结晶，并不能完全被定义为迷信。事实上，玛雅人在科学方面的贡献要远远超出人们的想象，他们的许多科技成就都为人类社会的发展产生了巨大的推动作用。虽然今天的我们会觉得他们的某些观点有些迷信，但古代玛雅人或许真的抓住了二者之间的联系。

最后说点有趣的话题。学者们对玛雅人智力水平的看法并不统一。一些美洲的学者认为玛雅人非常聪明，另一些学者则觉得他们特别聪明；也有一些学者认为玛雅人智力一般，甚至有学者认为玛雅人的智力特别一般。另外，玛雅人的记忆力非常好，他们的观察能力很强，想象力也非常丰富。据此，学者们推断，古代玛雅人的审美可能比现在的人要强很多。如果需要举个例子来证明，那就是玛雅人曾经造出极具审美价值的金字塔。

玛雅人的神明祭祀：一场讨价还价的交易

作为一个尊崇神明的民族，古代玛雅人对于神的崇敬是现代人无法理解的。无论面对的是善神还是恶神，玛雅人总是处于完全被动的状态，神明的意志主宰着玛雅人的日常活动。为了表示顺从，古代玛雅人用各种各样的祭祀活动来表达对神明的崇拜。

玛雅神谱中所包含的神明的实际数目可能成千上万，而且不同地区的玛雅人的神明体系是不一样的，所以就衍生了一个有趣的现象，那就是玛雅人通常只会祭拜几位玛雅神谱中最重要的神明，而且在祭拜的时候，还有一点投机取巧的念头——实现不同的愿望会给予神不同程度的祭拜，颇有点"等价交换"的色彩。

举个例子，假如他们所祈求的只是小病小灾的康复、粮食丰收、寻找失物等小事情，那么他们给予神明的东西就很少，比如说一点点食物、财物。但是，如果向神祈求的事情是非常重要的，那么祭品也要加码了。如果请神灵赐福的是天灾、人祸、战争之类的大事，古代玛雅人就必须使用一套完整的祭祀仪式，其中就包括献上人祭来获得神明的赐福。

至于这种祭祀活动的完整程序是怎样的，一直以来都是众说纷纭。直到后来，有学者在古玛雅金字塔遗址的壁画中有所发现。

通常来说，玛雅人的重大祭祀仪式会经过六个步骤：

第一个阶段，在祭祀的前几天，玛雅人不能吃饭，必须沐浴斋戒，这与中国古老的祭拜习俗相同。

第二个阶段，玛雅人的祭司们会选定一天作为祭祀的日子。在古代玛雅历法中，每一天都有一个保护神。如果在错误的日子里进行祭祀活动，那么他们很可能拜错了神，既白送了祭品，还没办成事。

第三个阶段是由祭司们作法，驱除可能依附在祭祀人群中的邪灵。玛雅人认为经常有一些精灵会附着在人类的身上进入祭祀现场偷取祭品。玛雅人好不容易举办一次祭祀活动，当然不能让这些邪灵前来打秋风、占便宜。

第四个阶段是针对供奉品的膜拜。人们围在他们身边唱歌跳舞，对其进行祭拜、焚香、献巴克（用蜂蜜与一种树皮酿制的饮料），有一点显摆的意思。

在"犹抱琵琶半遮面"的四个阶段之后，重要的第五个阶段来了。

玛雅人向神明阐述自己的要求，也就是把本次等价交换的目的说出来。

接下来就是最重要的第六个阶段。当玛雅人把要求列出来之后，剩下的就是要给神明一些祭品让神明来帮助自己，可以看作"付款"。完成这一阶段的活动便是献祭，即把事先准备好的贡品献给神灵。这之后就可以安心地大吃大喝，唱歌跳舞。

古代玛雅人认为，只要遵守既定的祭祀仪式，就可以借助神灵的力量，与各种邪恶的力量抗争，从各种天灾人祸中解脱，维持这个世界正常的秩序。而这看起来非常欢乐的祭祀活动，其实蕴含着非常大的血腥味，因为很多的贡品不是动物，而是人。

我们在前面讲过的玛雅血腥的活人祭祀就发生在第六个阶段。但在这个阶段并不一定非要伤人性命，可以分为两种情况：一种是自虐，第二种才是人祭。

所谓自虐仪式，说得通俗点就是自己给自己放血。学者都认为玛雅人普遍有自残的行为。这不仅发生在玛雅平民身上，玛雅贵族同样有自虐的倾向。需要指出的一点是，自我放血在古代玛雅并不是一种被迫无奈的行为，而是一种主动向神明表示敬畏的方式，也是在向神表示服从的态度。古代玛雅人在需要向神明证明自己心迹或者有求于神的时候，就会用尖锐的物品将自己的身体割破。换句话说，深谙此道的古代玛雅人的身上极有可能伤痕累累。

如果自我放血不能解决问题，那么就需要进行人祭的活动。玛雅人认为众神渴望鲜血，需要用鲜血维持地球运转。如果人们不用鲜血来满足众神，那么众神就会失去保护宇宙的能力。只有让众神对血的渴望得到满足，这个世界的秩序才能正常运转。

在玛雅著名的神话作品《玉米神》中,就有这样的情景描述:曾经有部落想要与敌人开战。开战之前,必须向神灵表示自己最大的诚意——他们选择给自己放血,并献上事先准备的活人祭品。神明非常满意地看了他们一眼,表扬了他们的诚意,然后许下承诺说:"只管去开战吧,你们是不会死的。"就这样,这个部落就开开心心地奔赴战场了。

大多数现代人对这一沾满鲜血的仪式会感觉恐惧且荒谬,甚至会认为玛雅人是一个非常残忍的民族。但人类学家的研究表明,人祭这一血腥祭祀活动的历史相当古老,而且并非玛雅人所独有。在天主教《旧约》里,上帝为了让犹太人表现他的忠诚,曾指明要他的长子作为祭品进献,于是犹太人就把自己的长子骗到一个山上,准备烧死他。而希腊神话《伊里亚特》中则提到,希腊联军的首领为了打赢特洛伊之战,竟然打算用亲生女儿作为祭品进献给月神阿尔忒弥斯。当然,在这两个故事中,神明们最终大发慈悲,允许他们使用羔羊和母鹿代替,这也就是"替罪羊"这一说法的由来。

不过,也有学者认为,在玛雅文明的前期,人们多使用动物来献祭,人祭这种残忍的风俗直到玛雅文明后期才出现。

恐怖的习俗：血腥的活人献祭

作为一个先进的古代文明，玛雅文明留给这个世界的遗产，除了高度发达的天文学和数学成就、神秘的预言和惊人的金字塔遗迹之外，还有很多祭祀遗迹和数十万具作为祭品处决的人的骸骨。从发现玛雅遗迹的那天起，考古学家们对玛雅活人祭祀文化的研究工作，就一直没有停止过。

如果单凭玛雅文明的活人祭祀活动就武断地认为玛雅人比较残忍，其实是有点不公平的。在原始社会中，几乎各个古文明都存在活人祭祀的现象，并非玛雅独有。

至于祭品，绝大多数古文明的祭品是年轻的处女。作为纯洁而美丽的化身，处女们在原始社会经常有被当成祭品献祭的危险。传说，如果所献祭的不是处女或祭品不符合要求，上天将会降下残酷的惩罚。举一个例子，战国时期著名官员西门豹奉命治理邺这个地方。当地有劣绅借口祭祀河神，骗取年轻女子作为祭品，沉到河中淹死，后来被西门豹严加惩戒，这种风气才得以遏止。

说到玛雅文明的祭品，在很长的一段时间内，考古学家都认为玛雅人的活人祭祀也使用处女，但是一位考古学家在分析了玛雅祭品的尸骸之后指出，玛雅人与其他文明不同，更多地使用男性作为献祭的祭品。

在16世纪西班牙殖民者入侵之前，玛雅人曾经在中美洲和墨西哥南部的热带雨林中创立了先进的文明，修建了雄壮的金字塔及宽阔的城市。这其中就包括位于尤卡坦半岛的奇琴伊察。上文中我们曾经介绍过，奇琴伊察有一口著名的献祭之井，这口井是专门用来祭祀雨神的场所。献祭之井在玛雅人心目中的地位非常神圣，它不仅是玛雅人的水源，也被视为通向阴间的一个入口。

玛雅人除了把一些薰香、玉石、宝物丢进去向神祈祷之外，有时也会聚集在一起举办活人祭祀活动。据说，如果当地长期不下雨，玛雅祭司们就会把小孩当成祭品，召集玛雅人在井边举办祈雨活动。进行了一系列残酷烦琐的活人祭祀仪式之后，他们就把这些当成祭品的小孩丢进献祭之井中。绝大多数祭品被活活淹死在井中，假如一些幸运的孩子能逃脱一死，就会被当成神放生回来的圣人，后半生就致力于为玛雅人传递神的旨意。

来自尤卡坦大学的著名考古学家吉尔莱莫·德安达曾经花费了很长时间去研究玛雅人的活人祭祀。他在奇琴伊察遗址的一个神圣山洞底部发现了127具疑似活人祭祀尸体的骸骨。他把这些残骸拼凑起来，结果有了惊人的发现——超过八成的尸骨并不是年轻女性的，而极有可能是3岁到11岁男童的。这说明，墨西哥地区古玛雅文明活人祭祀所使用的祭品极有可能是男性少年或者孩童，而不是此前大家普遍认同的处女。

德安达还发现，另外两成遗骸也不是女性的，而是成年男性的。为了证实这个结论，他曾经戴着水下呼吸器潜入献祭之井中去搜寻玛雅人的珠宝和遗体。

根据他的研究，这些孩子极有可能是活生生被扔进井里的，也有些小男孩在献祭之前就被折磨致死，然后丢进了献祭之井中。

德安达在研究报告中说："根据玛雅人的传说，他们的神明很喜欢小男孩，尤其是雨神，它有4个助手，都是小矮人。所以玛雅人喜欢用这些小男孩祭祀，作为一种与雨神拉近关系的沟通方式。"

德安达也分析了从前人们误以为玛雅人是用处女作为活人祭祀祭品的原因——目前人们发现的祭品尸骸，多是从公元850年开始到西班牙人入侵玛雅这段时间内的人祭牺牲品。这些尸骸上常常戴有翡翠珠宝，所以考古学家们便误认为这些祭品都是女性。

德安达说，由于被当成祭品的孩子们遇害时身体尚未完全发育成熟，后世很难界定这些尸骨的性别。他还从另一个角度找到了证实自己观点的证据——玛雅神话中也有很多记录证明这些年轻的活人祭祀受害者其实是男性，而不是处女。

考古学家们根据中美洲古文明的一些壁画还原了活人祭祀的过程。最常见的活人祭祀方法就是剖胸挖心。作为祭品的那个人，全身被涂上蓝色，头上戴着一顶尖尖的头饰，然后在金字塔顶上或者广场附近受刑。祭品并不一定是战俘，也有可能是从本部落挑选出来的男孩。如果是后者，那么其过程或仪式就烦琐一些。

首先，这个男孩会被送到另一个家庭抚养。离祭祀日期只有几个月的时候，玛雅祭司将选出四个年轻漂亮的姑娘与他一同生活。在祭祀那天，他身穿色彩艳丽的袍子，系着铃铛，戴满鲜花，缓缓地走向金字塔。此时，聚集在四周的民众都为他欢呼雀跃。他一边演奏乐器，一边向金字塔上的神庙爬去。当爬到金字塔顶端的时候，他会将自己演奏的乐器摔碎，然后接过旁边人献上的一杯叫作"多罗阿奇"的饮品（主要作用是镇静与止痛）一饮而尽。

然后他被仰面放倒在地，四个祭司分别抓住他的手和脚，尽量把他拉直。祭司担任的"刽子手"将他的心脏取出，交给主持仪式的大祭司。

如果按照现代人的观点来看，这种活人祭祀无疑是十分残酷、血腥、可怕的，但在古代玛雅人心目中并不是这样的。首先，玛雅人认为死亡并不是生命的终结，而是另一段生命的开始，他们并不惧怕死亡。其次，玛雅人认为，能够成为祭品是人生莫大的荣耀，甚至连玛雅贵族都心甘情愿成为祭品。我们曾经在上文中提到过，玛雅人在大球场进行球类比赛后，胜利一方的队长可能被作为祭品献给神明。假如玛雅人认为当祭品是一件很可怕的事情，那么玛雅人的大球场中绝对是假球横行。

最后，对于玛雅人的血腥活人祭祀，还有一些情况需要补充说明。

根据早期入侵玛雅地区的西班牙殖民者的记载，16世纪西班牙人曾经在一处祭祀架上发现了13600具头骨，而且当时的人为了庆祝特诺提兰大金字塔的落成，举行了四天的祭祀活动，其中用来做活人祭祀的战俘或奴隶总数达到36万人！不少人援引这个资料后认为玛雅人十分残忍。好莱坞著名影星梅尔·吉布森的电影《启示》当中就影射了这一幕。然而，做这件事的并不一定是玛雅人。从年代和地点来看，做出此种行为的民族应该是阿兹特克人。尽管阿兹特克人与玛雅人有着千丝万缕的联系，但将这笔烂账算在玛雅人的头上还是有失公允的。还要说明的一点是，本节中所提到的活人祭祀的细节，不少学者认为其来源于阿兹特克人。玛雅人虽然也有活人祭祀，但是其细节以及人数都是未知的。

阿兹特克人也不愿意背这个黑锅。根据一位名叫马斯洛·泰勒卡莱托的阿兹特克后裔的说法，有关古代阿兹特克人祭祀的故事被大大歪曲了。当时，西班牙殖民者在中北美洲进行残酷的种族灭绝行为。为了掩盖自身罪行，并证明其清洗活动的合理性，他们编造了很多关于阿兹特克人的谎言，其中就包括活人祭祀祭品的数量。

根据马斯洛的说法，那些摆放头骨的架子，其实是古代阿兹特克人每年例行的庆祝活动道具之一。上面摆放的那些头骨，并不完全是活人祭祀时斩首的残骸，很多自然死亡者的头骨也被亲人放在了架子上供奉。这些架子在古代阿兹特克的作用，有点类似于公墓的骨灰盒架子，上面的头骨记载着岁月流逝的情况。

[诡异谜团:揭示人类秘密的13个水晶头骨]

20 世纪考古学的最大谜题

在所有文明中，古代玛雅人所创造的文明最为神秘：他们的文明似乎并没有什么积累过程，一下子就抵达了巅峰；而后似乎也没有衰弱的过程，一夜之间又没落。这其中到底发生了什么，直到今天，人们依然不得而知。而且，玛雅人还为这世界留下了一个诡异万分的谜题，那就是 13 个神秘莫测的水晶头骨。

据考古学家们讲，在中美洲玛雅人遗址中的金字塔上，经常可以看到头骨的雕刻。现代人如果看到这种雕刻，会有种心里发凉的感觉，但在古代玛雅人的心中，头骨有着另外的含义。他们对于死亡的理解与我们有所不同：在他们看来，死亡不是生命的终点，并没有什么可怕的。相反，是一种人生的解脱，标志着人进入另一个世界，去跟神明与祖先们相聚，是整个大自然相互平衡的一部分。只有死亡才能把自己归还给大自然母亲，这就是头骨的象征意义。其实在北美的其他部落，不单单是玛雅人，很多印第安人也秉持着同样的观点。

从这个意义出发，水晶头骨在古代玛雅文明中被赋予了生命轮回的意义。根据中美洲的一些印第安人的传说，在很久以前，一共有 13 个水晶头骨存在于世界上，这些水晶头骨跟人类的头骨一样大，能够说话、唱歌。它们蕴含着大量的信息，能够揭示人类的过去、现在和未来，还能够帮人们解开很多宇宙的未知之谜。

原本，人们认为这只是一个传说。但在20世纪，墨西哥、中美洲和南美洲的部分地区，陆陆续续传出有水晶头骨面世的消息。据传，这些水晶头骨有5000年到3.6万年的历史，起源于古代的可能性非常大，成为20世纪考古学中令人费解的难题之一。

目前，这些水晶头骨在全世界范围内有着众多拥趸，他们认为水晶头骨非比寻常，能够揭开整个人类和宇宙的秘密。因此，每一个水晶头骨面世的消息都会引起一阵轰动。

但是，并不是所有的人都对其青睐有加。这些水晶头骨的面世往往也会引来巨大的质疑及非议。而且，最离奇的是，没有人知道这些水晶头骨是怎么来的、做什么用的、怎样使用它们。不少人都在问，它们是不是失落的文明（比如亚特兰蒂斯文明）遗留下来的，还是外星人留给地球的产物，抑或是一些有人精心策划的一场骗局？

科学家们正在慢慢收集这些水晶头骨的信息，并对它们进行了一系列的鉴定，希望能够借此解开其中的秘密。但是直到目前为止，水晶头骨的真相依然无法完全被揭开。

我们只能从那些已经面世的水晶头骨上寻找一些线索，努力揭开20世纪考古学的最大谜题。

少女的神秘发现：米歇尔·黑吉斯水晶头骨

在目前所发现的所有水晶头骨中，最有名的是米歇尔·黑吉斯水晶头骨。

在 19 世纪 20 年代的英国，有一位探险家叫弗雷德里克·阿尔伯特，人们都习惯称呼他"弗雷德里克·米歇尔·黑吉斯"。他是一位富有冒险精神的探险家，一心想在大英帝国辉煌的历史上留下自己的姓名。最初，他在银行和股市从事交易员的工作，但是这与他勇于探险的本性不合，没多久他就辞职了。从那以后，他就踏入了考古行业，做起了考古探险工作。他有一句座右铭是：没有冒险和刺激的工作的生活，就不是真正的生活。

弗雷德里克·米歇尔·黑吉斯到过很多前人的足迹所不曾到达的地方，他进行考古工作的经费来源于他的银器生意以及在世界各地公开演讲所得的报酬。弗雷德里克非常富有冒险精神，曾经在探险时被墨西哥的土匪绑架，好不容易才保住了性命，但这并没有影响他对探险生活的兴趣，反而让他越挫越勇。

弗雷德里克·米歇尔·黑吉斯是大英博物馆玛雅文明研究委员会的一名成员，他对玛雅文明有着异于常人的热爱。为了心中钟爱的玛雅文明，他决心组建一支探险队到中北美洲去探险。功夫不负有心人，在 1924 年，他终于组建了一支探险队，从利物浦出发，沿着水路到达现在的伯利兹，然后把船停靠在潘特哥达的一个小港口。据说，玛雅有一座失落的城堡就坐落在那里。

弗雷德里克·米歇尔·黑吉斯率队进入了探险地，但他绝没有料到整个旅途会有那么不顺利。他们最初挑选的那条路线，因为有大群鳄鱼聚集，而被迫放弃。祸不单行的是，在途中他们乘坐的小船倾覆在河里，失去了全部的医疗补给，导致一名患了疟疾的队员因无法医治而去世。就在他们走投无路、几乎要放弃探险时，他们幸运地遇见了玛雅人的后裔。在他们的帮助下，他们才得以顺利进入热带雨林。

在这座雨林中，他们跋山涉水，忍受着蚊虫叮咬和炎热的气候，锲而不舍地追寻着那座失落的城堡，却毫无发现。

有一天晚上，他们蜷缩在一堆大石头旁过夜。弗雷德里克·米歇尔·黑吉斯无意中发现身下的石头上长满了青苔，并且缠绕着一些不知名的根蔓状植物。他心中一动，这正是长久失踪的城堡外面应有的景象！他兴奋地爬起来将队员全部叫醒，仔细地将石头堆搜索了一番。结果发现，这或许真是某个地方的遗址。

天亮之后，他们就开始了辛勤的劳作，忍受着热带雨林独有的湿热，将石头上面的藤蔓一点一点地清除出去。如果发现有大树挡住去路，就把大树连根锯断；如果发现有清除不了的植物，就放火烧掉。就这样，枯燥的工作持续了整整一年。这一年中，他们所清除的灌木和树木能够堆成一座小山。付出总有回报，在他们的努力工作下，那座辉煌一时的古城废墟终于再次矗立在人们眼前。

这座城市四周都是城墙，上面布满了宽大的楼梯，中间屹立着一座高大的城堡，高度大约为150英尺。城堡四周是一些农家和坟墓，再远处是 1000 亩玉米地，看起来应该是当地居民的耕地。

整个城堡占地广阔，里面有金字塔、宫殿、地下室，甚至有一座带有阶梯座位的体育场。这座体育场分为两层，大约可以容纳 1 万名观众。城堡内的建筑都是用上好的白方石头组成，黑吉斯曾经做过一次实验，他用简单的工具来制作同样的白方石，花费了大约一天的时间。他不由得惊叹，仅拥有简陋石制工具的古代玛雅人，其建筑技术是多么高超。

发现这座遗址之后，弗雷德里克·米歇尔·黑吉斯将发掘它当成了毕生的事业。他在那座闷热的雨林中待了好几年，探索这座失落城市所蕴藏的秘密。在发掘期间，一个年轻的女孩加入了他的事业。

安娜·米歇尔·黑吉斯原本是一个孤儿，后来弗雷德里克·米歇尔·黑吉斯收养了她。弗雷德里克很疼爱安娜，亲切地称呼她"莎米"，把她当成自己的亲生女儿一般看待。

安娜与自己的养父一样具有叛逆的探险精神，天生爱管闲事，非常适合成为一名探险者。当养父弗雷德里克发现那座遗址的时候，她还是一个 16 岁的小姑娘。听到这个消息，她日思夜想，并最终加入了养父的探险队。来到处处都是危险的热带雨林，她很快就投入了探险活动中。

在一个非常炎热的夏日午后，整个热带雨林像一个大蒸笼一样湿热。因为疲惫，探险队的考古学家们都进入了午睡状态，整个考古工地寂静无声。

只有安娜一个人睡不着，因为再过几天就是她 17 岁的生日。她待在帐篷里，翻来覆去，脑海里思考的都是自己十分盼望却没有去做的那件事——爬到遗迹里那座最高的金字塔上，向远方眺望。平时，因为父亲管教得比较严格，她没有机会这样做。今天，趁着大家都睡着的机会，她决定试一试。

安娜静悄悄地靠近工地,在确认所有探险队员都进入了甜美的梦乡,一时半会儿醒不过来后,便动身走到那座最高的金字塔下。

远处传来树林里的猴子的叫声,昆虫在四周演奏着奏鸣曲,安娜望着高高的金字塔,心中涌动着一种非常奇怪的感觉,仿佛有什么东西正在呼唤她。她小心翼翼地踩着一级级石头向上爬,经过好长时间,终于爬到了最顶端。

安娜后来回忆说,金字塔顶的景色十分优美,方圆几里内的景物尽收眼底。只不过,因为午后的阳光太刺眼,她没能长久地享受这种美景。即将离开的时候,她突然发现,来时路上的一个石缝中正发出耀眼的光芒。

安娜兴奋极了,急忙爬下金字塔,去向父亲报告自己的发现。老黑吉斯听说她独自去爬最高的那座金字塔,十分生气,把她大声呵斥了一顿。这时候天已经黑了,父亲让她赶快去睡觉,不要再胡思乱想。

第二天天亮的时候,一夜未眠的安娜去找父亲,诉说着自己的发现。老黑吉斯起初并不相信,对她说:"该不会是你的幻觉吧?"但安娜一直坚持,于是父亲就派人到她所说的地方去查看。人们惊奇地看到,在安娜所指的闪闪发光的那个地方,有一个被巨石掩盖的洞。于是,弗雷德里克指挥工人开始工作,花了好几天时间把石头一块块拿开,终于看清楚那是金字塔上的一个大窟窿,仅可以容纳一个人进去。

那天恰好是安娜的生日,她自告奋勇要到下面去查探一番。对于这个个性叛逆的女儿,老米歇尔·黑吉斯是十分头痛的,可他并不想让当天过生日的女儿不开心,于是勉强同意让她下去探险。

于是，安娜头顶着一盏灯，身上系着两根绳子，由探险队员们一点点往下放。伴随着绳子越放越下，她心中的紧张情绪越来越浓——下面是一片黑暗，说不定会有危险的动物藏匿其间，比如蛇或者蝎子。当双脚着地的时候，她的心终于落到实处。在帽子灯光的照射下，她一眼就看到了想要寻找的东西。安娜脱下衬衫，小心翼翼地把它包好，然后一拉绳子，示意上面的探险队员将自己拉出去。

到了外面，明亮的太阳光有点刺眼。当安娜打开外面包裹的衬衫时，那个宝贝终于展现在大家的眼前，人们大吃一惊，那是一块几乎跟真人尺寸相同的头骨，只不过它是完全透明的。老黑吉斯用手摸了摸，然后告诉安娜这是一块水晶头骨。

安娜后来回忆，那个水晶头骨上没有一丝机械加工的痕迹，一看就知道是用整块水晶雕刻而成的。放在太阳光下，水晶头骨闪耀出炫目的光华。四周的探险队员完全惊呆了，被催眠了一般说不出话来。现场有很多前来帮忙的玛雅后裔，当黑吉斯把水晶头骨举起来的时候，他们又哭又笑，就好像着了魔一样。

对于安娜来说，这真是一份非常好的生日礼物。晚上，老黑吉斯把头骨放到玛雅人修建的祭台上，当地的玛雅居民全部聚集在这里，举行盛大的祭祀活动。他们点起篝火，穿着虎皮衣，装饰着大羽毛，围着那个水晶头骨载歌载舞。后来，前来参拜的玛雅人越来越多，就连住在丛林深处的人都赶过来了。消息传得特别快，这让安娜父女感到特别惊讶。虽然玛雅人的现代化程度不高，但消息传播的速度超越了探险队员的想象。

庆祝活动一连持续了很多天，前来参加活动的一位老人是当地的一位祭司，他知晓这个头骨的来历。据他说，这个头骨属于 10 万年前玛雅的一位大祭司。那位大祭司英明睿智，深受人们爱戴。在去世之前，他把自己的智慧全部封印在这个水晶头骨里，后人可以跟这个水晶头骨进行对话，从而获取他的智慧。安娜问他如何跟水晶头骨对话，老人笑而不语。

自从挖掘到这个水晶头骨之后，弗雷德里克·米歇尔·黑吉斯发现，自己雇佣过来工作的玛雅人开始消极怠工，变得毫无精神。弗雷德里克与自己的助手研究之后，觉得问题还是出在水晶头骨上。从玛雅人对它的尊崇程度来看，他们并不希望民族的圣物落到外人手里，这就是他们怠工的原因。

弗雷德里克认为，这个水晶头骨对玛雅人来说是非常神圣、非常重要的，如果他们把这个水晶头骨带走，那是就对玛雅人的极不尊重，于是他决定把水晶头骨还给玛雅人。

安娜对于父亲的这个决定非常不满，因为这个水晶头骨是她最先发现的，也是她冒着生命危险取回来的。安娜一直认为这是上天赐予自己的礼物，为此好几天都不同父亲说话。

当老黑吉斯找到当地部落的酋长，表示他们希望把水晶头骨送还给玛雅人时，玛雅人齐声欢呼，感激之情溢于言表。作为报答，随后他们竭尽全力帮助黑吉斯考古队发掘那座古城。

三个月后，他们再一次深入发掘了发现水晶头骨的那座金字塔，在里面又找到了一个水晶下颌骨。原来，安娜找到的那个水晶头骨并不是一个完整的头骨。现在，整个水晶头骨终于完整地呈现在世人的面前。

从那以后的整整三年时间里，这个水晶头骨都保存在玛雅人手中。

三年之后，也就是1924年，整座遗迹的挖掘工作全部完成了。黑吉斯考古队在这个遗迹中发现了几百件出土文物，根据合约，他们把那些文物都打上标签，送到了大英博物馆里。但在这些文物中，没有一件可以与水晶头骨的珍贵程度相媲美。

伴随着考古工作的结束，安娜也不得不跟随考古队回到英国。在离别的日子里，她感到十分伤心——在这三年的时间内，她已经与当地的玛雅人相处得十分友好融洽。她所寄住的玛雅家庭，就像对待自己的亲生女儿一样，把她照料得无微不至。

就在安娜与当地的玛雅朋友一一告别时，玛雅部落的酋长突然走过来，将一包东西递到老黑吉斯的手中。

安娜看着父亲打开包裹，惊喜地发现，原来就是那个水晶头骨！

那位酋长对他们说，感谢黑吉斯为当地的玛雅人所做的事情，感谢他为当地人们带来了药物、食物以及工作的机会。水晶头骨是由他们发现的，那么也应该由他们带走，因为这是命运的安排。

就这样，水晶头骨又跟随黑吉斯考古队回到了英国。

老黑吉斯对这个水晶头骨十分排斥，因为他觉得这个水晶头骨是邪恶的，会带来死亡。但是安娜非常喜欢这个水晶头骨，经常与它独处，试图发现其中的秘密。安娜后来听说，古代玛雅人曾经传说，只要集齐13个会说话的水晶头骨，就能揭开人类历史上最大的秘密。

老黑斯去世之后，水晶头骨就专属于安娜。它的名气也越来越大，被人们称为"安娜·米歇尔·黑吉斯水晶头骨"。

命中注定的相遇：尼克与水晶头骨"萨·娜·拉"

尼克·拿切瑞诺是一位拥有意大利血统的美国人，他把毕生精力都投入水晶头骨的研究工作，目前是国际水晶头骨协会会长。

尼克的童年是在纽约的一个小镇上度过的。他八岁的时候，正值美国经济大萧条时期，有一天他忽然在浴室的镜子里看到一个头骨在闪闪发光，那个头骨直勾勾地看着他，其中一个眼窝里爬出一条蛇，另外一个眼窝里爬出一只美洲虎。

当时只有八岁的尼克吓坏了，连滚带爬地去找他的祖母。他的祖母认为自己可以通灵问神。她听了尼克的讲述之后，仔细地观察了一番自己的孙子，认为他的体内有着非凡的通灵之力。从此，她就把孙子带在身边，慢慢开发他的这种能力。

尼克长大之后，二战爆发了。跟很多年轻人一样，他拿起武器加入了战争。后来，尼克在海军中服役，服役期间却发生了一件怪事。

有一次，他跟着舰队到了法国南海岸。放假期间，尼克跟自己的几个战友下船去玩了几天，开始了一段没有任何目的的旅行。后来，他们来到一个小村庄。由于风餐露宿，身上黏糊糊的，他们很想洗个澡，于是在当地找到一口井，提了一桶水就开始冲洗身体。

这时候，拥有这口井的农场主突然过来，请他们离开。尼克的一位战友是法国人，他向这位农场主解释，他们只是想洗个澡，洗完之后就会离开这里。而农场主不管这些，坚持让他们离开。

就在他们要离开的时候，农场主突然看到尼克脖子上挂着的一块水晶石——这是尼克的祖母送给他，要他一直带在身边的护身符。看到这块水晶石，农场主突然莫名兴奋起来，连连要他们在这里等一下，然后转身跑向远处的房子。

"他这是想干什么呢？"尼克看着自己的战友大惑不解地问道。他的那位法国战友也毫不知情，甚至认为老头儿可能是回去取枪了。

"不会吧，真要是那样的话，他就不会让我们待在这里等他了。我们就在这里继续洗澡吧，哪儿也别去。"尽管心中犯了嘀咕，他们还是决定待在原地，等着那位农场主回来。

尼克和他的战友们继续洗澡，过了一会儿，手里拿着一个包裹的农场主真的回来了，看到尼克和战友们都没有走，他长出了一口气。

他把手中的包裹递给尼克。尼克接过来一看，那是一个用层层破布仔细包好的包裹。他打开包得严严实实的包裹一看，不由得惊呆了。

映入他眼帘的是一个真人头骨大小的纯石英头骨。那头骨晶莹剔透，闪闪发光。尼克把它拿到手中，感到头骨里正有能量在不断地涌出。

尼克用疑惑的眼光看了看那个农场主，农场主说："这个头骨属于你，你一定要把它带走。"

尼克被他说得莫名其妙，连连摆手。农场主见此情景，指着他脖子上的水晶片说："你可是信使啊！佩戴着这颗水晶石的人，就是水晶头骨的信使。"尼克完全不知道农场主在说什么，只是连连拒绝。

最后，农场主非常焦急地对他说："你快点带着水晶头骨离开吧，要不然盖世太保就会过来抢走它的！"

盖世太保是当时德国最大的特务组织,直属于纳粹高层领导。据说他们特别喜欢收藏一些具有超能力或者超自然能力的人工制品。当时德国纳粹希特勒和海姆勒对于超自然的力量十分迷信,甚至有人认为,希特勒掌权前期战无不胜的力量就来源于一种神秘的自然之力。而且,据说希特勒当年也收藏了一个水晶头骨。

听到这句话之后,尼克感到情况非常严重,连忙叫上自己的战友离开了那个村庄,但最后他并没有带走那块水晶头骨。

后来,尼克回忆起这件事时说,当时自己并不愿意跟这个水晶头骨有任何联系。他预感到自己连活命都成问题,带着那个水晶头骨岂不是一个累赘?后来发生的事情证实了尼克的预感是正确的:就在他们离开村庄后还不到一个礼拜的时间,他所服役的那艘军舰就因法国人自己的失误而被友军击沉。虽然没有人员伤亡,但是船上所有的东西都沉入了茫茫大海。可以预见的是,如果尼克当时带走了那个水晶头骨,那个头骨就会消失在茫茫大海里,再也无法面世。

据尼克后来回忆,他再也没有见过这个水晶头骨。但他听说,当时在欧洲有很多神秘组织对水晶头骨虎视眈眈,这个水晶头骨后来落入法国一个叫作"基督头骨之血"的神秘组织手中。

1959年,尼克拥有了自己的水晶头骨。不过,他的水晶头骨来得有一定难度,完全是靠他"通灵考古学"的技术得到的。

所谓的"通灵考古学",就是一种通灵术,即依靠自己的直觉找出古代藏宝的地点,然后进行发掘的一门技术。当时,尼克进行冥想之后,踏上前往墨西哥的路,一路往前走,最后来到了盖纳州的里约布韦多河。当时跟着尼克去的还有三个人,他们看见尼克在那里走了一个多小时,突然在山下一个地方停住脚步,对他们说:"就是这里了。"

同伴们听他说得非常自信,就拿出工具在坚硬的土地上挖了起来。五六个小时之后,他们挖到了一块通常放置于古代建筑物屋顶的石板,大家对于这个发现欣喜若狂,开始了夜以继日的工作。四五天之后,一座古墓终见天日。

在坟墓当中,尼克发现了一个水晶头骨。这个水晶头骨质地不如米歇尔·黑吉斯水晶头骨,微微有些发黄,但也算比较清澈。尼克给它起了一个名字叫作"萨·娜·拉"。

水晶头骨是预示死亡的不祥之物吗

简·沃尔什博士是华盛顿州史密斯桑尼亚学院研究中美洲历史的专家。这一天,她跟往常一样,来到自己的办公室处理工作,桌子上的电话突然响了。

打电话的是她的老熟人理查德·阿尔本。理查德是美国历史博物馆的馆长,跟简·沃尔什博士的关系相当不错,两人经常进行一些有趣的对话。但这次,电话那头的他语气十分严肃,简·沃尔什博士一时有点不大适应。

"有一件礼物,相信你们人类学研究部门一定非常感兴趣。"

简·沃尔什博士便开始追问到底是什么礼物,但是理查德口风很紧,始终不肯透露实情,一定要简·沃尔什博士答应接收这份礼物才告诉她到底是什么。

简·沃尔什博士并不知晓他所说的到底是什么东西，但是直觉告诉她，理查德急于把这件东西脱手，于是便对这件东西产生了浓厚的兴趣，马上答应接收这份礼物。

然后，理查德对她说："我今天在邮箱里发现了一个盒子，盒子里面装了一件水晶头骨，跟水晶头骨一起寄来的还有一张纸条。这张纸条上的字迹是手写的，里面的内容十分奇怪。"

简·沃尔什博士就问他，纸条上到底写着什么。

理查德一字一句地念起来："亲爱的先生，盒子里面装的是阿兹特克水晶头骨，有人声称是布费里奥·戴阿兹的收藏品，这是我1960年在墨西哥收购的，现在我把它无偿捐献给史密斯桑尼亚，但我并不希望公开自己的姓名。"

布费里奥·戴阿兹是19世纪末20世纪初墨西哥的一位总统，在他治下，民不聊生。后来国内发生了人民反抗运动，最终布费里奥·戴阿兹黯然下台。据说这位总统家资豪富，收藏了很多宝物，后来这些宝物被叛军瓜分了个干净。从这个字条的内容来看，这个水晶头骨应该是这位总统的收藏品，当年在叛乱中被人拿走，最终落入这位捐赠者的手中。

理查德读完纸条之后，急急忙忙让简·沃尔什博士接手这个水晶头骨。可就在简·沃尔什博士表示自己马上过去取的时候，理查德又说："这个头骨太重了，还是我给你送过去吧。"

于是，理查德开车把水晶头骨送到了简·沃尔什的办公室楼下。沃尔什博士为了方便拿取，向自己的同事借一辆推车。同事问她要推车干什么，博士就把事情原原本本地告诉了同事，没想到同事大惊失色道：

"水晶头骨是不祥的东西，千万不要看它的眼睛，否则会倒大霉的！"

他说得如此郑重其事，使简·沃尔什博士对水晶头骨的兴趣越来越浓。她用推车把水晶头骨推到自己的办公室后，仔细地打量起来。

这个头骨比正常人的头骨要大，大概有25厘米高、23厘米宽、重14公斤。它的质地不纯净，非常浑浊。虽然非常重，它里面却是完全镂空的，通过眼窝可以直接看到头骨内部，外表也抛过光，却并不细致，连五官都只有一个淡淡的样子。但不管谁看见它，都知道这是一件价值连城的宝物。

简·沃尔什博士本身就是一位研究中美洲历史的学者，见到这个水晶头骨之后，马上便确定这跟玛雅文明有关，于是展开了研究工作。她并不相信同事对她的告诫，经常直视水晶头骨的双眼，但什么事都没发生，也从没有倒大霉。只不过，针对水晶头骨的调查结果反馈回来之后，她有点被吓到了。

简·沃尔什博士原本想通过对水晶头骨捐赠者的调查，得到水晶头骨的第一手资料。但是捐赠者在纸条当中明确指出，他并不想留下姓名。也就是说，捐赠者并不愿意把他与水晶头骨之间的故事公之于众。简·沃尔什博士费尽力气，终于找到了这位捐赠者的律师。

后来，她约了一个时间与这位律师通话，但律师反馈过来的情况把她吓得不轻。

这位律师在电话里说，捐赠者并不愿意透露自己的姓名。简·沃尔什博士便提出一个要求，希望能与捐赠者通个电话，但律师拒绝了。他说："这是不可能的事情，因为这位捐赠者已经自杀了。"

"自杀了？天哪，这是什么时候的事情？"

"就是他把这个水晶头骨寄走之后发生的事。"律师说,"这个水晶头骨给他带来了无尽的痛苦和灾难。"

简·沃尔什博士听到这里,知道与捐赠者会面的计划已经彻底泡汤,于是退而求其次,希望能跟捐赠者的妻子进行联系。

"他的妻子早已经死了,那是他得到水晶头骨之后发生的事情。"

"那他有孩子吗?我可以跟他的孩子联系一下吗?"简·沃尔什博士仍不死心。

"他有一个儿子,但是在一场严重的车祸中去世了。我刚才跟您说这块头骨为他带来了无尽的灾难和痛苦,并不是无稽之谈。您看,自从得到这个头骨,他所有的亲人都去世了,而且不久前他自身也破产了。这水晶头骨给他带来的都是不幸,我想这大概就是他要把水晶头骨捐出去然后自杀的理由吧。"

结束了与律师的通话之后,博士心中感到十分沉重,但她并没有放弃,继续水晶头骨的研究工作。所幸水晶头骨的诅咒对她似乎没有效果,她唯一感到生活中有点异常的情况是,自从她得到这个水晶头骨之后,经常会接收到有关水晶头骨的消息,有些是电话,有些是资讯,甚至还有人把水晶头骨带到她的办公室里,这大概算是她生活中最不寻常的一种改变吧。

后来,两位英国作者为了给 BBC 做一期关于水晶头骨的节目,采访了简·沃尔什博士,博士终于见到安娜·黑吉斯以及其他拥有水晶头骨的人。大家聚在一起交流了关于水晶头骨的信息,并且在简·沃尔什博士的倡议之下,决定把水晶头骨送到大英博物馆,用科学的手段去检验其真实性。

会说话、能治病的水晶头骨

水晶头骨面世之后，被广泛地应用于神秘学领域。比如说，米歇尔·黑吉斯水晶头骨被老黑吉斯带回英国后收藏在一个城堡里，用来展示给各地的贵族们看。老黑吉斯经常开玩笑地说，水晶头骨是古代玛雅大祭司用来决定人生死邪恶的化身，是一个不祥之物。

他去世之后，女儿安娜继承了研究水晶头骨的事业。她虽然不同意父亲对水晶头骨的评价，但时刻铭记着当年离开玛雅遗址时玛雅酋长对她的告诫——如果水晶头骨落到坏人的手里，将发生不好的事情。安娜同样记得，曾经有一位玛雅老人告诉她，水晶头骨会说话、能唱歌。这么多年了，安娜对水晶头骨的研究工作从未停止过。她注意到，水晶头骨上有两个洞。这两个洞位于头骨主体部分的两边，如果从这两个洞里面穿过一根绳子，恰好能够把水晶头骨的上颚和下颚连起来，这样就可以控制头骨一张一合地活动，感觉就像头骨在说话一样。

按照推测，这极有可能就是古代玛雅人传说水晶头骨能说话、唱歌的真相。古代玛雅人将水晶头骨放在最高的祭坛上，在下面生起一堆火。火光反射到水晶头骨的眼睛里，在祭坛下面的人们就可以看到水晶头骨的眼睛变红，然后有人用绳子来控制水晶头骨的上下颚骨一开一合，看起来就像有人在说话一样。但其实说话的另有其人。一般情况下，有一位大祭司会躲在神坛的后面发言。那位大祭司借水晶头骨之口宣扬神的旨意，并且可以决定人的生死。所以，古代的玛雅人一看到水晶头骨，就会感觉胆战心惊。

事实上，安娜并未找到同水晶头骨对话的正确方式，但这并不妨碍她跟水晶头骨之间进行交流。有时候安娜会目不转睛地盯着水晶头骨，看着它那美丽而清纯的质地，仿佛被催眠般地入定，与其静静地交流。

根据安娜的说法，古代玛雅人曾用水晶头骨来治病，她自己也做过尝试。曾经有一位叫玛丽莎的患有骨髓病的小女孩，医生对她的病一度束手无策。这个小女孩是水晶头骨的拥趸，于是写信给安娜，请求与水晶头骨同住一段时间。安娜答应了她的请求。后来玛丽莎就在安娜家中跟水晶头骨同居了一段时间。当她回去的时候，病情已经好转。当然，这件事受到了质疑。有些人认为水晶头骨根本不能治病，古代玛雅人也不会拿它来治病。这些人认同老黑吉斯的观点，即水晶头骨是代表死亡的不祥之物，古代玛雅人用它来判别生死。

对此，安娜回答说，古代玛雅人真的使用水晶头骨来治病。当然，水晶头骨不是万能的，也存在治不好的情形。但是，这并不影响古代玛雅人对水晶头骨的尊崇。因为古代玛雅人把死亡当成通往其他国度的方法，很多技术、智慧的传承都是通过死亡来实现的。从这个角度说，死亡有时候是痊愈的另一种形式。

无独有偶，尼克·拿切瑞诺也经常与水晶头骨交流，与安娜不同的是，他试图用自己掌握的通灵术来跟水晶头骨交流。

通常，他会靠近头骨，将双手放在上面，两只眼睛注视着水晶头骨的顶部——因为水晶头骨的表面反光很强烈，必须透过这束光才能看到里面的信息。根据他的描述，他曾经在水晶头骨中看到一群战士把水晶头骨交给一个女人,还有西班牙士兵杀人的景象,甚至有火山爆发、地壳漂移等灾难性景象。

因为这种说法有点诡异,所以很多人都对他的话表示怀疑。但是,尼克本身就是一个充满神奇色彩的人。依靠自己的占卜术,尼克曾多次协助地方警局破获杀人案。当地警局如果遇到毫无头绪的悬案,都会去向他请教。据说他经常能够在案件的调查初始阶段,就提供很多关于凶手的线索,令当地警方大感诧异。

即便如此,水晶头骨对于尼克来说依然是神秘无比的。"就算我研究水晶头骨已经有50多年的历史,但水晶头骨对于我来说,就像第一次见它那样,依然是个谜。"尼克如此说道。

13个水晶头骨的接连面世

古代玛雅人的传说认为,只要集齐全部13个水晶头骨,就能够揭示整个宇宙的大秘密。从20世纪末到21世纪初的二三十年间,不断有水晶头骨面世的消息传出。除了上文中我们提到的安娜·米歇尔·黑吉斯的水晶头骨、尼克·拿切瑞诺的"萨·娜·拉"水晶头骨,以及被简·沃尔什博士命名为"克星"的史密斯桑尼亚水晶头骨之外,陆续有一些水晶头骨被发现。

首先要提到的是,水晶头骨界比较有名的、收藏于大英博物馆人类馆的水晶头骨。这个头骨于19世纪90年代从墨西哥流入英国。在博物馆提供的标签上，我们可以看到这样的文字：阿兹特克人雕刻的水晶石头骨，原产于墨西哥，公元1300年到1500年，从风格看，这个水晶头骨的历史可以追溯到阿兹特克时期。

这个标签上的文字很难体现出大英博物馆收藏的水晶头骨与玛雅文明有何联系，而且根据标签上的时间，这甚至不能算是一件文物。

这个水晶头骨身上有个比较有意思的小花絮，即它的外形跟另外两个水晶头骨非常相似，被认为是个复制品。至于复制的是谁，有人说是安娜·米歇尔·黑吉斯水晶头骨，也有人说是收藏于邱卡德罗博物馆的巴黎水晶头骨。跟安娜·米歇尔·黑吉斯水晶头骨相比，大英博物馆的头骨由清澈的石英水晶构成，但是它的质地稍微黯淡一点，大小形状都极似真人头骨。而与安娜·米歇尔·黑吉斯水晶头骨不同的是，大英博物馆水晶头骨并没有可以拿下来的下颚骨。

而收藏于法国博物馆的巴黎水晶头骨，跟大英博物馆水晶头骨如出一辙，只不过其头顶有一个凹槽。据说，这是当年西班牙征服者用十字架打击而形成的。其大小、形状都与大英博物馆的水晶头骨相似，难怪人们纷纷传说，这两个水晶头骨中有一个是另一个的复制品。

还有一个比较有名的头骨是收藏在休斯敦的乔安·帕克斯家里的水晶头骨。乔安·帕克斯为这个水晶头骨取名为"麦克斯"。"麦克斯"比安娜·米歇尔·黑吉斯水晶头骨难看很多，脸部质地一边比较清澈，一边比较浑浊。虽然这个水晶头骨的尺寸不大，却重达8公斤。据说这个头骨原本被发现于危地马拉，后由一位中国西藏的僧人带到得克萨斯州。当时乔安的女儿得了骨癌，曾求助于这位西藏僧人，二人由此相识。后来，这位僧人于1980年去世，去世前，将"麦克斯"送给了乔安和她的丈夫卡尔，并一直保留到今天。根据乔安的说法，她与水晶头骨交流时所使用的语言，不是英语而是古代西藏语。这种语言是距今约36000年以前的古代文明的语言，如今已经没几个人能听得懂了。

此外，历史更为久远的一对水晶头骨——玛雅水晶头骨和紫水晶头骨也相继面世。前者发现于危地马拉，而后者在墨西哥被发现。20世纪初，一位玛雅牧师将它们带到了美国。二者的区别在于，前者是透明的水晶制品，而后者则是用紫色的石英构成的。

还有人认为水晶头骨并非来自地球。一位叫作戴尔特恩的人，收藏了一块"外星人头骨"。这块水晶头骨是在20世纪初于中美洲发现的，由一块烟水晶制作而成，其外形并不像人类的头骨，头骨比较尖，牙齿比较怪，更像一个外星人的头骨。

在所有已发现的水晶头骨当中，另一个接近安娜·米歇尔·黑吉斯水晶头骨的，是一块在洪都拉斯和危地马拉国界交界处发现的蔷薇水晶头骨。它的尺寸比安娜·米歇尔·黑吉斯水晶头骨稍大，颜色并不透明。之所以能跟前者相提并论，是因为它的制造技术比较高明，也有一个可以移动的下颚骨。

进入21世纪以后，又有三个水晶头骨陆续被发现。

首先是在2004年，巴西的一个宝石商将一个大约14英磅重的水晶头骨捐献给博物馆，这个水晶头骨尺寸与人的头骨比较一致。

然后是在2009年9月9日，一位玛雅巫师展示了亚特兰蒂斯岛水晶头骨。这个水晶头骨跟安娜·米歇尔·黑吉斯水晶头骨的构造相似，它的下颚骨也可以移动。据说这个头骨储藏在非洲的一个仓库里长达22年之久，后来又被移到另一个仓库，并在里面待了近7年的时间，终于重见天日。

第 13 个、据说也是最后一个水晶头骨的发现地点是在德国。2011年 3 月，四位玛雅长老携带着传说中的 13 个水晶头骨，在联合国纽约总部的教堂里举行了新闻发布会。其中一位长老说，玛雅预言里的确有"当 13 个水晶头骨再度重现于世的时候，便是世界新旧循环交替的时期"的说法。但是他强调，这只是指世界自己净化，而不是世界末日的到来。

水晶头骨存在的意义是什么

水晶头骨是过去 100 多年来整个世界考古界面临的一个难题。考古学家们对于水晶头骨的困惑，无非来源于三个方面：第一是水晶头骨从哪里来？第二是水晶头骨里到底蕴含着什么秘密，第三是水晶头骨正确的打开方式是怎样的。

很多人都把水晶头骨看成一种非常神秘的事物。有人说它是由外星人制造，并且带到地球上的，也有人说它是失落的亚特兰蒂斯文明留给人们的礼物。但是，水晶头骨一旦面世，就被认为与玛雅文明有直接关系。当然有一些科学家认为，水晶头骨的历史只可以追寻到阿兹特克文化时期，因为从头骨的雕刻技术方面看，明显包括阿兹特克人的宗教和艺术形象。当然，这也有可能是阿兹特克文明传承了玛雅文明，所以水晶头骨在玛雅文明的遗址被找到也是顺理成章的。

通过对这些水晶头骨的持有者的采访发现，他们大多相信水晶头骨与外来文化有关。很多人对这个说法持怀疑态度，因为我们对玛雅文明了解得太少了。在公元1519年西班牙殖民者来到美洲之前，古代玛雅文明的精髓已经消失殆尽。玛雅文明中有很多我们不能理解的谜团，即便水晶头骨真的属于玛雅文明，我们对它也难以全面了解。

今天，大多数人把玛雅文明同一个比它更早的文明——奥尔梅克文明结合在一起。奥尔梅克人大约从公元前1200年起就在墨西哥湾海岸生活。不少人认为，玛雅文明就传承自奥尔梅克文明。但令人遗憾的是，人们对于奥尔梅克文明的了解，比起玛雅文明也深不到哪里去。人们只知道奥尔梅克人曾经有规划非常完美的城市设计，也建造了早期的金字塔。但由于他们建造金字塔所使用的材料是泥砖而不是玛雅人的巨石，伴随着时间的流逝，这些泥砖经不起风吹雨淋，已经完全消失在沼泽地里。但无论是奥尔梅克文明，还是玛雅文明，都没有直接的证据显示他们当时有能力制造出水晶头骨这样精密的艺术品。

今天的玛雅后裔对水晶头骨也有自己的看法。他们坚信水晶头骨是他们的祖先留下来的宝物。根据他们的说法，在玛雅世界中，水晶是与天神相联系的。古代玛雅人的祭司依靠水晶头骨来分享知识。在玛雅语中，水晶被称作"蓝波"，意思是"光明"与"知识"，古代的玛雅祭司曾经教人们怎样理解水晶，怎样与水晶进行交流。

也有一些玛雅人认为，他们的祖先依查兹人是最先把水晶头骨带到地球上的人。依查兹人在玛雅各地都建造了圣地，用来保存、供奉水晶头骨。他们还教导玛雅人使用水晶头骨，后来他们就被尊称为玛雅依查兹人。据说，这些依查兹人来自大西洋洲，"大西洋洲"在玛雅语里的称呼是亚特兰蒂哈（可能跟亚特兰蒂斯有什么关系）。

玛雅人曾预言，在玛雅文明消失之后，水晶头骨会被人带到世界各地。但是当玛雅文明开始凋零、整个世界陷入不安与狂躁之后，玛雅人的智慧就会再度回归。因为他们的智慧是来自宇宙的智慧，是随时准备拯救地球的智慧。而玛雅文明回归的标志，就是13个水晶头骨重归其位，重新回到玛雅各地祭祀圣地的金字塔上，然后由玛雅祭司进行祈祷，让水晶头骨发挥神力，从而拯救全世界。

世纪骗局？世人对水晶头骨的质疑

水晶头骨在世界范围引起了重视，不少人崇敬、膜拜它，但也有很多人质疑它。其中，对于最负盛名的"安娜·米歇尔·黑吉斯水晶头骨"，人们的争议也最大。

上文中我们记载了安娜寻找水晶头骨的过程，但有些人认为她在编故事。

比如，供职于加拿大多伦多市皇家博物馆的玛雅文明专家大卫·潘德格斯特博士就怀疑，所谓的"安娜·米歇尔·黑吉斯水晶头骨"，其实就是他的养父弗雷德里克为了讨养女开心而藏在金字塔里，故意让女儿找到的。他这样怀疑的理由是，安娜发现水晶头骨的过程中遇到了太多巧合，所以潘德格斯特博士认为，是那位父亲故意设了个圈套，把水晶头骨作为送给安娜的生日礼物而故意让她找到。

但是，这个假设有两个问题找不到答案。第一个问题是，老黑吉斯又是在哪里得到这个水晶头骨的呢？第二个问题是，他是怎样穿过雨林，将那个水晶头骨埋在很多巨石的下面，然后刚好让安娜看到它的呢？

怀疑论者后来又把矛头指向老黑吉斯。根据传言，在19世纪末20世纪初，墨西哥正处于总统布费里奥·戴阿兹统治期间，这是墨西哥历史上比较黑暗的一段时期，民不聊生。后来，内战终于爆发，总统的宝物被叛军瓜分一空，其中就包括这个水晶头骨。

而传说弗雷德里克·黑吉斯就是叛军著名首领维拉的左右手。老黑吉斯的自传中描述，他在1913年到1914年间的确在墨西哥参战。由此可以推测，安娜·米歇尔·黑吉斯水晶头骨可能是他从维拉手里得到的，这也就解释了为什么安娜对于水晶头骨大张旗鼓地宣传，而他的父亲却闭口不谈。

此外，还有更离谱的传言说弗雷德里克曾经是一名英国间谍，他在墨西哥所扮演的角色是英国政府派驻的间谍。因为美国当时非常眼红墨西哥的石油资源，而墨西哥却是英国舰队当时石油的主要来源，英国害怕美国对它下手，所以派遣弗雷德里克潜入维拉身边做内应。

假如老黑吉斯真的是一名间谍，而且购买或者暗地夺取了水晶头骨，那他的确有可能三缄其口。但是，这种假设又出现新的问题：他是怎样在烽火连天的墨西哥把水晶头骨保存好，又是怎样带回英国的呢？就算带回了英国，他为什么又要花费巨资组建一个考古队，千里迢迢到玛雅遗址把水晶头骨给藏起来呢？直接给自己的女儿做生日礼物不是更好吗？

安娜对于上面的说法不屑一顾。在她看来，如果父亲仅仅是为了给她庆祝生日，就耗费巨资，并花了几年时间跑去墨西哥热带雨林中探险，那真是疯子的行为。

以上的怀疑全部基于假设，很多人听听就算了。但是，人们对于安娜·米歇尔·黑吉斯水晶头骨的质疑声，并非来自上述假设。最重要的原因是，有人找到了水晶头骨并非是从玛雅遗址中拿出来的证据。人们甚至开始怀疑安娜讲述的得到水晶头骨的故事根本就是她自己杜撰的。

我们知道，大英博物馆也存在一个跟安娜·米歇尔·黑吉斯水晶头骨差不多的水晶头骨。这个水晶头骨是在1898年购于纽约，据说是一位幸运的西班牙士兵从墨西哥带回来的。大英博物馆曾经把自己的水晶头骨跟安娜·米歇尔·黑吉斯水晶头骨进行比较，结果发现二者非常相似，于是就怀疑其中有一个是赝品。

在大英博物馆的图书馆里，大英博物馆的调查员们发现了一些资料，对于弄清安娜·米歇尔·黑吉斯水晶头骨的来历很有帮助。他们发现，当年安娜·米歇尔·黑吉斯父女发现的玛雅遗址位于卢巴安塔姆。而他们发掘出的所有文物，按照规定全部捐献给了大英博物馆登记造册。在这份档案中，人们并没有发现有关水晶头骨的记录。后来有人去查阅文献，发现当时参与发掘工作的考古队成员们也都没有提到过水晶头骨。所以，他们怀疑这个水晶头骨并不是从卢巴安塔姆废墟中发掘出来的。

对于这一点，安娜解释说，正是因为签订了这样的协议，所以他们才没有把水晶头骨给列进去。因为一旦列入名单中，这个水晶头骨就会被大英博物馆带走。当时博物馆的接收人员前去验收的时候，水晶头骨已经被归还给玛雅酋长。等到接收人员离开之后，玛雅酋长才把水晶头骨归还给考古队。至于考古队的同人为什么没有提到水晶头骨，安娜解释说，因为在当年的发掘工作中，父亲曾经按照每个人的贡献，给他们分了一些纪念品。这些纪念品都没有登记造册，所以大家也不会再公开谈论这些。

考古学家伊丽莎白·卡梅克也发现了一些问题。她找到了一份文件，文件上面说，有一个水晶头骨曾于1943年9月5日在伦敦索斯比拍卖行进行拍卖，拍卖的编号是"54批"。拍卖者是一位叫作西蒙尼·博尼的人。博尼先生是伦敦的一位工艺品商人，也是这个水晶头骨的拥有者。当水晶头骨被摆上拍卖台之后，大英博物馆也曾想去竞标，但最终没有得手。不是因为他们的价钱出得不高，而是博尼先生本人把水晶头骨又买了回去，然后转手就卖给了一个人。猜猜这个买主是谁？没错，就是老黑吉斯。而且尤其奇怪的是，博尼先生不但一定要卖给老黑吉斯，而且售价只有400英镑，与大英博物馆的出价相差极大。如果说这其中没有猫腻，别人肯定是不会相信的。所以，卡梅克博士认为，所谓的安娜·米歇尔·黑吉斯水晶头骨，并非来源于玛雅遗址，而是老黑吉斯从博尼先生那里买到的。

对此，安娜解释说，父亲与博尼先生是世交，曾经多次向博尼先生借钱，博尼先生每次都慷慨解囊。后来父亲于心不安，就把水晶头骨作为抵押送给了博尼先生。后来博尼先生遇到资金上的困难，就把水晶头骨拿出来拍卖。此时父亲手里刚好有一笔钱，就还清了欠款。于是，博尼先生就将水晶头骨撤销拍卖，将其还给了父亲黑吉斯。这就是博尼先生拒绝了其他买主的原因。

虽然安娜对这些问题一一做了答复，但是依然无法完全解除人们心中的疑惑。在这种情况下，安娜同意把自己的水晶头骨送到海尔来德·派克尔德公司做科学鉴定，以证明其到底是不是真的来源于古玛雅。

水晶头骨的检测与真假之谜

海尔来德·派克尔德公司是20世纪70年代世界上领先的计算机电子产品制造公司，他们拥有水晶行业里最先进的机械设备，安娜选中这家实验室来做水晶头骨的鉴定工作是再合适不过的了。

派克尔德公司的实验人员起初并不相信这个头骨的成分是水晶的。因为有很多材料的外表看起来是水晶，但其实并不是水晶。那些跟水晶材质相近的玻璃、塑料，还有很多人工制造的石英水晶等，从外表看起来都很像水晶。而摆在眼前的安娜·米歇尔·黑吉斯水晶头骨是由一整块水晶雕刻而成的，从理论上说当时的人们很难达到这样的工艺。

检测完这个头骨之后，实验室的人们都惊呆了。这次实验本身的目的并不是鉴定这个水晶头骨的制造时间，因为水晶存在于大自然当中，可能有成千上万年的历史。他们所能检测的就是水晶头骨上有没有加工过的痕迹。如果能检测到有现代工具加工的痕迹，那就说明头骨是赝品，是后人在蒸汽时代之后制造出来的，也就证明了这个水晶头骨跟古玛雅没有任何关系。

最终的实验结果是，实验人员并没有在水晶头骨上找到任何现代工具加工过的痕迹，并发现这个水晶头骨所使用的水晶原料就是一整块大水晶，且纯度非常高。不管其出自谁的手，能够做出这样的水晶头骨，简直就是一个奇迹。

首先，如果要使用一整块水晶雕刻成这样的水晶头骨，那么原来的水晶材料要比成品大3倍多。如果它真的是古代玛雅人的作品，而他们当时并没有现代化的工具，只能靠手工来雕刻，这将是一件非常巨大的工程。科学家推测，即便是用现代工具，要雕刻成现在的样子至少要一年多时间，如果考虑到玛雅人当时的生产工具水平，至少需要300年的时间才能够完成，也就是说，这件作品可能是玛雅几代人努力的结晶。

其次，就算是有现代工具，也不一定能雕刻出这个水晶头骨。前面说过，这块水晶的纯度非常高，只比钻石稍微软一点，所以非常容易碎。假如使用现代的电钻工具，水晶无法忍受电钻产生的震动、发热和摩擦，会碎成一片一片的。所以，研究人员认为，这个头骨极有可能是玛雅人利用河流与沙子，一点一点打磨出来的。甚至有人认为，这并不是地球上的技术所能完成的。

其实，不仅安娜的水晶头骨接受过测验。在简·沃尔什博士的倡议下，大英博物馆在20世纪也进行了一次水晶头骨大检测，其中就包括大英博物馆自己收藏的水晶头骨，以及萨·娜·拉、麦克斯、克星等6个水晶头骨。

大英博物馆所用的测试方法，同样是在水晶头骨的表面寻找是否有机械加工的痕迹。因为传统的用碳测定年代的方法只对有机物有效，并不能判断水晶的年龄。为了使结果更加准确，他们还专门找到一个古玛雅时代的水晶杯作为检验结果的参照物。

实验的结果是，科学家们在大英博物馆收藏的水晶头骨以及简·沃尔什博士的水晶头骨的上面，都找到了机械雕琢的痕迹。大约从14世纪开始，人们用电动转轮工具对水晶进行加工，在电子放大镜下，可以发现大英博物馆水晶头骨的牙齿上有机轮雕琢的痕迹。简·沃尔什博士的水晶头骨上有两个有间隔的表面记号，显示其是现代打磨轮的痕迹。研究人员推测其的真实成品时期是在距今100年到200年之间。

比较诡异的则是，大英博物馆虽然也对其他几个水晶头骨进行了鉴定，但是拒绝发表鉴定结果。他们给出的说法是，大英博物馆不会对私人水晶的鉴定结果负责。但奇怪的是，既然不对结果负责，为何又要鉴定？所以，其他几个水晶头骨到底是真品还是赝品，目前还不得而知。

主导了本次测试的简·沃尔什博士自从得到水晶头骨之后，就将自己毕生的精力投入水晶头骨的研究工作。与其他水晶头骨的持有者不同，得到检测结果后，她并没有因自己的水晶头骨是现代赝品而感到不开心。其实，早在检测之前，她已经做了大量功课。根据研究，她对自己水晶头骨的来历恐怕早就心中有数了。

这么多年来，简·沃尔什博士既不同意水晶头骨是外星人的产物，也不愿意相信水晶头骨有某种超能力的现象，她只愿意在考古学范围内对水晶头骨进行研究。

经过多年的研究，简·沃尔什博士有了一个非常意外的发现。那就是，不管是私人收藏的水晶头骨，还是博物馆收藏的水晶头骨，几乎是在同一时间面世的。

19世纪末期这个时间段在考古学历史上是一个重要的节点。此时，世界各地的博物馆如雨后春笋般涌出。为了充实自己的收藏品，他们从世界各地搜刮各种奇珍异宝。其中，中北美洲前哥伦比亚工艺品开始变得有价无市。

在大量利益的驱动之下，一些黑心之徒就打起了赝品的主意。由于当时中美洲还没有被开发，只有少数经济能力突出的考古队才到过此地。他们带走的阿兹特克文明和玛雅文明的些许文物流落到欧洲，引起了当地博物馆的疯抢。所以，不少赝品商人开始制作玛雅文明的假文物，以此牟取暴利。

当时的科技手段并不发达，很多赝品都无法被准确地识别出来，这其中是否就包括水晶头骨呢？

简·沃尔什博士从未在任何官方的文献资料中发现水晶头骨的名字，这使她怀疑水晶头骨是赝品的概率很高。沃尔什博士翻阅了一切自己能找到的关于水晶头骨的资料，一位叫作尤金·博班的人进入了她的视线。

尤金·博班是一位法国著名考古学家和收藏家。他在法国占领墨西哥时，受当时的国王拿破仑三世指派，到墨西哥科学研究理事会工作。其间，他收藏了很多古代文物和手稿，并对墨西哥古代文化有了深刻的理解。他自己开了很多间文物商店，并曾在1881年发表文章指出，当时市面上的中美洲古代文物中有很多是赝品。据他说，墨西哥城郊就是假文物贩子的聚集地。

但是沃尔什博士也发现，这位口口声声要大家注意赝品的专家，本身就是一个假文物贩子。而且，现在我们所研究的水晶头骨，恐怕都是经他的手转卖到各地的。

根据博物馆的记载，巴黎博物馆收藏的那个水晶头骨，是阿尔弗德·皮纳特于1878年捐献的。那么，阿尔弗德·皮纳特是从谁的手中买到这个水晶头骨的？没错，答案就是尤金·博班。

据说，当时尤金·博班信誓旦旦地表示这个水晶头骨是阿兹特克的真品。然而三年之后，尤金·博班又在推销第二个水晶头骨，声称该头骨是不可多得的珍品，并且标注了3500法郎的高价。这款水晶头骨极有可能就是大英博物馆后来收藏的那个。在短短三年时间，尤金·博班先后出售了两个极度相似的水晶头骨，这不得不引起人们的怀疑。

而且，简·沃尔什博士还发现，尤金·博班其实早有劣迹，他曾经把一些自己亲口承认过是赝品的假文物，摆到自己的文物商店销售。后来，他的店铺还因试图用假水晶欺诈墨西哥国家博物馆而被当地查封，他只好灰溜溜地跑到纽约去。

因此，沃尔什博士相信，相当一部分水晶头骨都有可能是19世纪末期的赝品，而这次的检测结果让她更加坚信自己的判断。

一直以来，人们对水晶头骨都是信仰与质疑并存。尽管很多人怀疑水晶头骨是否真的存在，但是一些考古学家和大部分玛雅文明的传承后裔都认为它的确存在于世间。

就检测结果来说，最出名的安娜·米歇尔·黑吉斯头骨虽然广受质疑，但实验室的科学家们发现，即便能够证明它是现代人制造的，也无法解释全部的疑问——它的构造非常精巧，不像人类所能完成的。换句话说，不管这个水晶头骨是在5天之前还是5万年之前制造出来的，科学家们依然无法知道其到底是怎样制造出来的。甚至，依我们现在的科技水平，哪怕是最优秀的雕刻家和工程师也不能复制这个水晶头骨。

在2009年9月9日检验的亚特兰蒂斯岛水晶头骨也被认为是真品。

参与检验的圣巴巴拉自然社会博物馆专家米恩池博士展示了头骨前牙和上颌骨的角度是如何向右倾斜的。米恩池博士认为这是手工雕刻的决定性证据，因为机器制成的头骨的这两个部位一定是直的。

前文中曾提到的紫水晶头骨也被实验室检测过，结果发现它是靠一种我们现在也无法复制其技术的水晶轴切割完成的。

这些证据说明，我们无法完全解释水晶头骨的神秘之处。

根据一位玛雅后裔的说法，水晶头骨承载着玛雅人的文明，虽然玛雅文明暂时失落，但是终究会依靠水晶头骨重现人间。

他说，现代文明大约只有500年的历史，相对玛雅人的历史而言，只是持续了很短的时间。玛雅人相信，他们的太阳会再度升起，他们将重建他们的科学、文化、艺术、宗教和宇宙文明。现代文明给世界带来的破坏性已经一览无余，如果不加以改善，整个世界都将走上毁灭的道路。如果这种苗头得不到改善，玛雅人就会依靠水晶头骨中蕴含的信息来拯救人类。而这也是玛雅文明再度复兴的开始。

他还说，在现代文明的影响下，人们不尊重大自然，不尊重世间万物，甚至不尊重自己。种种迹象表明，人类正在走上自我毁灭的道路，这时候人类就需要把逐步面世的13个水晶头骨放到玛雅人的金字塔祭坛上，重新澄净整个世界。当然，这些说法是玛雅人对自己民族信仰的表达方式，并不一定真实存在。

水晶头骨这种神秘事物的出现，使得我们对这个世界产生了不同的看法。它们把人类的视线最终引到了人与自然这个话题上，试图使人类明白人与自然是一个完整不可分割的整体。原来一些被人们认为没有生命力的物体，其中也许蕴藏着大量的信息。

现在，中美洲的很多印第安人土著部落都相信水晶头骨是由外星人带到地球的，并且保留于大西洋洲，他们相信这些外星生物总有一天还会回来。一些土著部落的长老还知道很多来自天外的祖先的故事，以及从前的世界毁灭的传说，这些都是极为重要的材料。

如今，不断传出水晶头骨是赝品的声音，但有不少人还是相信水晶头骨是古代玛雅人留给世界的宝物。不管水晶头骨是远古还是现代的产物，它们身上都蕴含着太多的秘密。直到今天，这些秘密依然等着科学家们去一一解开。

［失落猜想：一夜消失背后的伏笔］

玛雅文明终结的征兆：石碑的停建

前面我们曾提到过，玛雅文明相比其他古代文明最大的区别是，它们兴起得毫无道理，消失得同样毫无预兆。当达到最巅峰的时候，玛雅文明突然就消失了。玛雅民族——这个曾经隔绝了亚欧大陆，独自生活在人迹罕至的热带丛林中，却建立了高度发达的文明的古老民族，在其最巅峰的时刻，仿佛在躲避什么似的，突然就从历史上消失了。

必须阐明的一点是，这里所说的消失并不是指灭亡。玛雅人并没有灭亡，他们的后裔现在还生活在墨西哥、危地马拉等美洲国家。只不过，他们曾经建立的高度发达的文明，其后裔并没有继承，那些曾经璀璨夺目的天文学、数学成就从历史上消失了。

在失落之前，玛雅文明曾蓬勃发展了很长一段时间。在公元 800 年左右，已经到达鼎盛时期的玛雅文明看起来生机勃勃，没有一点要衰落的迹象。

在此之前，玛雅人在热带雨林中修建了数百座城市，蒂卡尔（Tikal）就是其中最大的一座，根据城市的规模，估计在最高峰时，这里的居民可能突破了 10 万人，甚至极有可能达到 20 万人。他们建造了金字塔、神庙等重要的建筑物，另外还留下了很多雕刻石碑（玛雅语叫作 Tetun）。

这些用已经失传的象形文字写成的石板，主要用来描述贵族的宗谱、战争胜利和王国的其他成就，是珍贵的历史资料。此外，玛雅人最著名的城市也是在这个时期发展成形的。比如被誉为"美洲的雅典"的帕伦克（Palenque），它是古典时代最美丽的玛雅城市，与蒂卡尔以及另外一座著名的城市科潘一起，被誉为玛雅文明古典时期最大的三个城邦。

作为玛雅人最重要的史料参考来源，玛雅人在城市中立下的时间石碑，最能证明玛雅文明的兴衰过程。

在玛雅文明的古典时期，大多数玛雅城邦很重视对历史的记载，他们每隔一段时间就会树立各种石质历史纪念碑。托他们的福，今天的考古学家们就是依靠这些石碑来了解古代玛雅发生的重要事件。这些石碑的时间间隔都有固定的年限，通常是每20年就会建立一些石碑来记载这些年发生的事件。目前所发现的石碑经历的时间跨度大约在1200年，考古学家们发现历史最久的一座石碑大约建立于公元328年，而最后一座石碑则立于1516年。

如今已经被破译的一座石碑是位于危地马拉地区的玛雅蒂卡尔神庙石碑，它立于公元468年6月20日，这一年是玛雅日历的第13卡年。卡年是玛雅人的一种纪年方法，每20年就是1卡年。石碑上的文字主要描述了蒂卡尔城第12代统治者坎阿柯以及他的家族的某些事情。考古学家们通过破译，获取了不少信息：

比如，蒂卡尔城是由一位叫亚科斯·默克邵克的人建立的，同时他也是坎阿柯的祖先。经过100多年，坎阿柯家族将蒂卡尔城变成当时玛雅最令人瞩目的城邦。

再比如，公元411年11月27日，西恩·查恩·科韦尔成为蒂卡尔城的统治者。45年后，他于公元456年2月19日死去，并在两年半后，也就是公元458年8月9日安葬。

这并不是蒂卡尔城里最早的石碑。目前发现最早的蒂卡尔石碑始建于公元445年，上面记录着一位名叫"暴风雨的天堂"的玛雅真人（国王）的登基仪式。这位"暴风雨的天堂"真人是蒂卡尔黄金时代的缔造者。石碑背面的象形文字则记录了公元317年到445年之间蒂卡尔王国的历史，其中包括蒂卡尔王国战胜20公里以外的瓦哈克通城邦的故事。凭借这次胜利，蒂卡尔王国正式崛起，此后又多次与位于今天墨西哥南部的卡拉姆尔城邦之间发生冲突。

因为玛雅人的历法相当精确，今天的考古学家很容易得知玛雅历史上所发生大事的准确时间。比如，科潘国王十八兔（这名字也很有意思）战败后，于公元738年5月3日被斩首；又比如，出生于公元603年3月6日的帕伦克国王巴加尔，在他12岁那年，也就是公元615年7月19日登基称王，并于公元684年8月30日去世。如此精确的历史记录，也就只有古代一直设立史官的中国才可以做到。

这样说来，这些石碑其实就是玛雅文明的历史见证者。在整个玛雅文明时代，建立历史石碑的行为一直都在延续，除了公元534—593年发生了些许中断之外，其余时期玛雅历史石碑的兴建从未中断过。

从建筑物的角度看，这些石碑的艺术审美价值极高。有专家评价，玛雅人的审美观念可能超越了现代人。

在公元790年左右，玛雅人的审美能力达到高峰，同时玛雅人对石碑的崇拜也达到了顶点。在这一年，一共有19座城市建立了历史石碑来纪念玛雅纪年新卡年的到来。

所谓"盛极必衰"。大概就是从这时开始，玛雅文明开始走下坡路。在玛雅第 19 卡年（公元 810 年）终结时，立碑的城市减少为 12 座。在公元 849 年，立碑的城市锐减为 5 个。而据目前的发现，玛雅最后一次立纪念碑是在公元 889 年，这一年也就是历史学家们认定的古典时期（即通常所指的玛雅文明巅峰时期）的结束期。仅有 3 个城市在这一日期立了石碑——乌瓦夏克吞、修尔屯和夏曼屯。

考古学家们认为，石碑的停建是玛雅文明终结的征兆。

玛雅人为何忽然之间匆忙离开家园

其实，不仅仅是历史石碑，玛雅人的神殿、宫殿等玛雅文明的代表性建筑也不再兴建，一般民众也很少再建新房，城市及周边的人口数量急剧下降。

此前，代表着玛雅手工业水平的彩陶也不再制作。从前，玛雅人拥有精湛的制陶技术，"玛雅"这个名字就是因哥伦布在当地被精美的陶器吸引，询问产地而得名的。当然，这里并不是说玛雅人不再制作陶器了，而是指放弃原来的制作方式，进而改制比较薄、质地更为精细的陶器。但是，这种陶器并没有被大量推广，反而在使用后不久就被放弃。究其原因，可能与当时玛雅社会阶层动荡、贵族阶层无法保持对陶器的需求量有关。

此前，玛雅人急匆匆地从人类历史上消失的行动已经持续了很久：

公元 830 年，正在对外扩张的科潘城突然停止了城市建造的工程；公元 835 年，"中美洲的雅典"帕伦克城的金字塔神庙也突然停止了施工，原因未知；公元 889 年，蒂卡尔城曾经热火朝天建设着的寺庙群工程也全面终止；公元 909 年，曾经的玛雅文明古典时期遗留下来的最后一个城堡，也放弃了已修过半的历史石碑。散居在热带雨林中的玛雅人仿佛在躲避什么似的，纷纷抛弃了居住已久的南方家园，集体向北迁移到干旱的尤卡坦半岛。

没有确切的证据可以说明历史石碑的减少意味着什么，也不能说那些再没有继续建造历史石碑的玛雅城市已于当时消失覆灭。但可以肯定的一点是，如果没有发生变故，因循守旧的玛雅人不可能放弃一贯的、为记录历史事件而建造石碑的工作。我们同样不能假定，当玛雅人立完目前考古学家发现的最后一块历史石碑之后，那座城市马上就被抛弃了。事实上，即便是发生了很大的变故，依然存在着人类继续留在玛雅城邦遗址中生活的可能性——长期以来，这些地区作为玛雅的宗教中心与文化中心，大量的建筑物和基建工程能够为人类提供生存的必要条件，普通人完全能够在这些废墟上生活一段时间。

但实际上，在古代玛雅人聚居的佩腾中部，除了松散零落的奇可树之外，已经变成一块人迹罕至的不毛之地。考古学家也，几乎没有发现在停止立石碑之后，任何人类继续在被抛弃的城市废墟当中生活的考古证据。

根据玛雅人的传说，在公元 909 年的某一天，他们突然失去了接近百分之八十的人口，仅留下那些辛苦建了一半的城池、庄严的金字塔与神庙。从那一天开始，残留下来的玛雅人智商急速降低，开始变得悲伤、彷徨与颓废。

考古学的证据表明,从公元889年开始,中部玛雅的剩余部分日趋缩小。在随后的100年间,生活在气候相对湿润的中南部低地中的玛雅人放弃了他们繁华的城市,巍峨的金字塔成了秃鹰歇脚的架子,富丽堂皇的神庙变成美洲豹出没的废墟。

那些背井离乡迁往北部高地的玛雅人,将玛雅文明延续下去,使之迈进了玛雅文明的后古典文明时代。尽管在11世纪,玛雅文明曾经有过短暂的回暖,涌现出诸如奇琴伊察、玛雅潘这样的城邦,但是再也没能重现古典时期的辉煌。此时玛雅人内部也开始发生分裂,一个直接的证据是,原本只有一种语言的玛雅人,到16世纪已经演化出27种方言。

为什么不能说玛雅文明已经灭亡

我们经常听到"失落的玛雅文明"这个说法,这个说法其实是很有讲究的。这里所说的玛雅文明是"失落"而不是"消失",更不是"消逝"。关于玛雅文明的凋零,有以下几点需要注意。

首先,玛雅文明直到今天依然没有灭亡:在墨西哥的尤卡坦半岛和中美洲的部分国家(危地马拉、洪都拉斯、伯兹利等),仍然生活着几百万名讲玛雅语、维持着传统生活方式的玛雅人后裔。针对玛雅文明的措辞,我们应该认为其是"失落"了,也就是"一部分不见了",而不能用"消逝"一词。

其次，玛雅文明并不是被西班牙殖民者毁灭的。事实上，早在西班牙人入侵之前，玛雅文明就已经过了巅峰期，步入了慢慢衰落的时期。其主要表现为人口越来越少、建筑水平越来越低、手工业水平越来越差和生活质量越来越下降。而造成这种情况的主要原因很可能是玛雅文明的科技水平出现了断代，以及其生产力水平特别是农业科技水平（没有牲畜、没有金属工具、仍处于刀耕火种的石器时代的原始农业）落后于人口的增长速度。在这种情况下，很多玛雅人吃不饱、穿不暖，生存资源极度匮乏，发生战乱的可能性急剧增加。

西班牙人虽不是其衰落的主因，但也是压倒骆驼的最后一根稻草。他们的入侵为玛雅文明的主流时期画上了一个休止符。这就如同晚清时代中国的情况一样——列强的入侵改变了中国当时闭关锁国、日薄西山的状况。只不过，中国人民具有强大的生命力，能够保住自己的文明薪火，从而再一次屹立于世界民族之林。但已过了巅峰期的玛雅人则没有这种机会。当年的西班牙正值中世纪巅峰期，而玛雅文明还处于石器时代，双方对抗的结果显而易见。何况西班牙殖民者的宗教信仰——天主教极具排外性，一登陆，就对玛雅的本土宗教进行了凶狠的摧残，使得玛雅文明遭受了重大打击。

尽管玛雅人认为大多数祖先是在一夜之间突然消失的。但一些学者认为，玛雅文明并不是在极短的时间内就毁于一旦的，也不是因某一年或某一件事情（比如说某次地震）走向失落了，而是经历了长达200年的后古典终结期的衰落过程。也就是说，他们认为玛雅文明的衰落是一个循序渐进的过程。玛雅人时间石碑的分布以及弃建情况说明，玛雅文明的衰落在时间、地点上并不一致，很可能出现有的城邦已经完全被抛弃，而有的城邦却依然存在的情况。

玛雅人生性因循守旧，他们的传统文化自成体系，这么多年来一直被其后裔坚守着，不可能完全消亡。当然，这种情况也成为一把双刃剑：一方面，玛雅人经历了这么多苦难，就算曾经历过西班牙人"焚书坑儒"这样的文化灭绝行为，几百年后的他们仍然能保留着传统习俗；另一方面，现代的玛雅人死守着祖先留下来的那套规矩，对于现代文明持一种敬而远之的态度，无法融入当今的主流世界，有逐步被时代淘汰的危险。

在公元8世纪左右，巅峰时期的玛雅人放弃了其高度发达的文明，走上了大举迁移的道路。他们曾经努力修建的每个中心城市完全被放弃，任由藤蔓野草将其吞没。两个世纪以来，科学家及考古学家一直想弄清楚玛雅文明失落的原因，但是直到今天依然无法完全解开这个谜题。

通常来说，现今的学者们对于"究竟是什么促使了玛雅文明衰落"的看法有以下几种主流推论。

1. 内部叛乱。玛雅文明发展过程中出现了很多政治联姻的情况，不少贵族以及王室成员相互攻讦，争夺继承权、财物，造成上层建筑混乱；

2. 玛雅人的宗教信仰崩坍，人们开始起来反抗祭司阶层以及统治者；

3. 城邦之间的混战，可能加剧了玛雅文明的衰落；

4. 人口膨胀使得生产力低下的玛雅文明无法承受；

5. 天气、气候变化或者自然灾害，导致了玛雅文明的失落；

6. 玉米减产使得玛雅人的粮食供应出现短缺，被迫远离故土觅食；

7. 玛雅地区曾经爆发了大规模的瘟疫，不少玛雅人命丧于此；

8. 最离奇的说法是，玛雅人是天外来客，他们曾经在古典时期的尾声离开了地球，只留下一些素质相对低下的居民。

当然，上述这些说法都有一定数量的支持者。到底是什么原因导致玛雅文明消亡，目前考古学界还没有定论。下面，我们挑选一些关于玛雅文明失落原因的有趣说法，全方位地为大家展示一下玛雅文明衰落的可能性。

失落猜想（一）：玛雅文明毁于权力斗争

考古学界对玛雅文明湮灭之谜各执己见，为玛雅文明涂上了一层浓厚的神秘色彩。

为了解开这个千古之谜，在20世纪80年代末，一支由多学科专家共同组成的考古队，踏上了考察中美洲玛雅文明遗迹的道路。这支科考探险队规模庞大，集合了包括考古学家、动物学家和营养学家在内的共45名学者，调动了大量后勤及科学设备。科学家们踏遍了美洲虎与响尾蛇出没的危地马拉佩腾雨林地区，其情节跟好莱坞探险电影《夺宝奇兵》极为类似。

这支科考队历经6年时间，对现存200多处玛雅文明遗址进行了细致的考察，最终得出的结论是：玛雅文明可能毁于其内部的争权夺利。上层贵族为了争夺财富及权势，爆发了血腥的内战，玛雅人自相残杀，最终导致其文明衰落。

这一结论推翻了之前人们"玛雅人是热爱和平的民族"的常规看法。此前很多学者认为，在玛雅文明巅峰期的古典时期，玛雅地区基本上没有爆发大规模的战争。这个时候，玛雅人一心扑在建设精神和物质文明上，社会相当繁荣，其逆天的天文学、数学成就大多是祭司们在这一时期完成的。其余的社会阶层也没闲着：农民们勤劳种植玉米，工匠们建筑金字塔和神庙，手工业者们忙着雕刻与制作陶瓷制品。大家安居乐业，有空的时候甚至赶个集，进行一下商品交易。然后，每隔二十年，雕刻石碑铭文纪念一下，似乎一副其乐融融的样子。

但是，有人发现，上面的"大团圆结局"里漏掉了一个社会阶层，那就是贵族阶层。全体玛雅人都在努力建设部落的时候，贵族在干吗呢？

上文提到的那支跑遍了玛雅遗址的科考队用自己的观点介绍了贵族阶级的动向。那就是在公元300—700年这个玛雅文明全盛期，玛雅的上层阶级——贵族们之间的钩心斗角其实一直没有停歇过，而这些争权夺利导致了一场场血腥战争的爆发。

这些考古学家并不认同传统的"玛雅社会是古典时期结束后才开始走向衰落"的说法，他们认为，其实自从公元7世纪中期开始，玛雅社会就已经开始走下坡路了。

这一阶段，玛雅上层社会流行政治联姻。古代玛雅的权力交接方式极有可能跟我国西周时代的"嫡长子"制度类似，即国王会把权力移交给自己的长子。为了巩固权力，他们会为长子寻求各种能够帮助其站稳脚跟的政治婚姻。伴随着这种情况越来越多，除长子以外的其他王室兄弟的实力、地位受到削弱。一些受到排挤的王子离开家园去建立新的城邦，另一些则会留下来争夺权势。

这种"窝里斗"的行为给玛雅社会带来了严重冲击，后来逐渐演变成大小贵族乱成一锅粥的情形。他们抢继承权、奢侈品、珠宝玉石、奴隶、美女——那些可以争的东西，基本上都在他们抢夺的名单上。战争由此爆发，城邦荒废、建筑废弃、田地荒芜、尸横遍野。根据这些考古学家的说法，最后只有大约十分之一的玛雅人幸存下来。

西班牙大主教兰达在《尤卡坦风物志》一书中的描述，从侧面证实了玛雅社会中有兄弟相残的事情发生。他这样描述奇琴伊察的统治者："三个统治者是兄弟，他们是从东部来到那个国家的，他们非常虔诚，因此建了很漂亮的庙宇，并且过着很贞洁的无妻生活，其中一个死了或者出走，其他两个的行为则开始放纵而淫荡起来，正因如此，他们才被处死。"

美国范德比尔特大学中美洲考古学院的阿瑟·德马雷斯特根据破解的象形文字记录讲述了这样一个故事：

在公元7世纪和8世纪，玛雅地区曾经爆发了一次"世界大战"。多斯皮拉斯城始建于公元629年，原来是古代玛雅城邦蒂卡尔城的一个军事堡垒。蒂卡尔统治者把自己的弟弟封到这里，从此多斯皮拉斯国王与蒂卡尔城长年结盟。经过多年的发展，多斯皮拉斯逐渐变成一个著名的玛雅城邦，统治着方圆1500英里内的玛雅地区。

后来，北方的卡拉克穆尔城邦攻下了多斯皮拉斯城。多斯皮拉斯国王被俘后变节，投靠了敌人，对蒂卡尔城发动进攻。不可思议的是，他最后居然打赢了。这位变节国王率领着军队洗劫了蒂卡尔城，并把自己的兄弟蒂卡尔国王和其他贵族带回多斯皮拉斯祭了天。此后，多斯皮拉斯以卡拉克穆尔城邦为靠山，南征北战，渐渐有一统玛雅的趋势。

如果按照这个剧本走下去，玛雅将会出现一个大一统的中央集权国家。然而，事情并不这么简单。蒂卡尔被洗劫后，其余的军队再度集结、卷土重来，打垮了多斯皮拉斯的后台卡拉克穆尔。

公元761年，蒂卡尔城的玛雅军队对多斯皮拉斯发动了攻击。多斯皮拉斯的贵族们战败，城池陷落。科学家们在当地一个洞中找到了13个8岁至55岁的男人的头颅遗骸。这说明，这座城邦陷落后，胜利者对城内的居民进行了大屠杀。根据历史石碑上的记载，城破8天之后，胜利者举行了盛大的"终结典礼"，他们砸烂了王宫、神庙以及其他建筑。

多斯皮拉斯一些幸存的贵族逃到附近的阿瓜迪卡城。阿瓜迪卡地势险要，是一个由巨大裂缝环绕的天然要塞。这些幸存者在那里苟延残喘了近40年，但仍未逃脱灭顶之灾，他们的敌人最终还是攻陷了这个要塞。到公元800年，阿瓜迪卡城已是一座鬼城。

此后，玛雅社会进入了分裂期，各地的小城邦间冲突频繁。公元820年以后，玛雅人舍弃了这片为之奋斗数百年、建立了无数城市的佩腾雨林，转向北边干旱的尤卡坦半岛，而且再也没有返回这片文明发源地的迹象。不少学者认为，造成这种结果的最大原因就是玛雅社会上层贵族之间的相互攻击，无休止的战争为玛雅文明画上了句点。

失落猜想（二）：战争导致玛雅文明衰亡

上述考古学家的观点其实与考古界主流观点有一定的出入。20世纪中期学者们的调查显示，古典时期的玛雅人大多温和守旧，对于世界上的争斗都持不以为然的态度，甚至连宰杀动物都有所节制。这么说的证据是：即便食物单一，历史上也几乎找不到他们发动大规模狩猎活动的记录。另外，他们也没有驯养可以作为肉食的家畜，唯一与他们做伴的就只有一些狗。正因如此，每当发生对外战争的时候，不管是针对早期的墨西哥托尔特克人，还是后来的西班牙殖民者，玛雅人总是失败的那一方。更为严重的是，伴随着历史的发展，这种外界的入侵行为基本上是不可避免的。如果真的有外敌大举入侵的情况发生，在战事失利的前提下，古典时期的玛雅人集体迁移的情况就顺理成章了。

考古学家们之间观点的差异，体现在古典时期玛雅社会到底有没有发生大规模战争这个问题上。事实上，伴随着越来越多的证据面世，人们发现，"玛雅文明的衰亡与战争有直接关系"这个论点是很有可能成立的。

考古学家们曾经在蒂卡尔的遗址上发现了许多覆盖于岩石及坍塌的拱形屋顶之下的坟墓。这些坟墓上没有任何修复的迹象，而且坟墓附近的神殿以及宫殿的壁画也受到严重的破坏。神庙里石雕人像的脸部大多被削掉了，石碑也被推倒作为其他建筑的材料。考古学家认为，这些现象只能说明一件事，那就是蒂卡尔城遭遇了外族入侵，玛雅人甚至根本来不及抵抗便溃败了。

也有学者认为，当时的玛雅帝国遭遇到了内忧外患。他们遭受到游牧民族的袭击，又发生了内乱，所以进行了大迁徙。

提到战争，还有证据显示，后古典末期（14~15世纪）尤卡坦半岛的玛雅人在西班牙人入侵之前，就处于内乱的旋涡中难以自拔了。

玛雅历史文献的记载，充分说明了这一时期的混乱：

在玛雅古典后期中心城邦玛雅潘没落之后，几乎所有比较大的城市都被废弃了。这时候，玛雅潘冲突中的胜利者图图尔修家族则建立了一个新的城邦中心，起名为马尼。非常有意思的是，这个名字在玛雅语中的意思是"都过去了"。

玛雅潘另一个显赫贵族车尔斯也离开了，重新在特洪地区建立了他们的家园。

而玛雅潘原本的统治者可可姆君主被杀。他唯一幸存的儿子带领着依然忠于自己的残部在苏图塔附近的提伯龙建立了自己的政权。

这时候，在尤卡坦半岛上依然没有一个西班牙人。尽管西班牙殖民者在1527年至1528年间先后有两次征服玛雅的企图，但都以失败告终。从此以后，西班牙人暂时打消了进攻玛雅的企图，在今后的几年间将自己的势力从尤卡坦半岛抽离出来。这一年，尤卡坦历史上发生的最后一件大事是图图尔修统治者悲惨的朝拜事件。

当时，虽然玛雅城邦已经崩溃，但是人民的信仰依然炽烈。已经确立了新首都马尼的图图尔修家族当时的统治者阿德尊修，突发奇想要去圣地奇琴伊察朝拜玛雅神，希望神能够保佑这块多年来深受折磨的土地。这次朝圣的出发点是好的，只是有一个难处，那就是到达圣地的途中要经过苏图塔统治者纳奇可可姆的辖区。

图图尔修家族与可可姆家族有不共戴天的仇恨。可可姆家族曾是玛雅潘的实际统治者，公元1441年，阿淑潘修领导了反抗可可姆家族的起义，率军攻占玛雅潘，杀害了当时的可可姆君主，直接导致玛雅潘被洗劫并废弃。阿淑潘修就是图图尔修家族的领袖，也就是如今马尼城主阿德尊修的祖父。而被杀死的可可姆君主，就是现今苏图塔统治者纳奇可可姆的曾祖父。

为此，阿德尊修担心路过纳奇可可姆辖区的时候会遇到麻烦，于是按照当时的风俗向纳奇可可姆申请安全通行权。一旦申请通过，就意味着纳奇可可姆承诺不会在其通过苏图塔境内时危害阿德尊修的安全。

然而，纳奇可可姆一直对图图尔修家族怀恨在心，从未忘记曾祖父的死，认为图图尔修的背叛行为应该得到报应，于是他立即答应了阿德尊修安全通行权的申请。

申请批下来之后，图图尔修家族马上组建了朝圣团队，由阿德尊修和他的儿子阿兹雅修以及40多位当地贵族带领的朝圣团立即动身，通过苏图塔地区前往圣地。

纳奇可可姆则带领一支庞大的迎接代表团在可可姆首都西南5英里的欧次梅尔城迎接他们的到来。

最初，气氛十分融洽，纳奇可可姆用尊贵的礼节款待图图尔修的朝圣队伍。四天之后，纳奇可可姆露出了狰狞的面目。在第四天傍晚的宴会上，纳奇可可姆开始毒害他们的客人，并把包括马尼城主阿德尊修父子在内的图图尔修朝圣团全部杀害。

这种严重的背信弃义行为，使得玛雅社会严重分裂。图图尔修与可可姆这两个北尤卡坦半岛地区最强大的王室开始了长年的征战。这次内乱为玛雅社会敲响了丧钟。当西班牙殖民者在1540年卷土重来的时候，玛雅人正陷入两大王室的内耗之中，根本无法开展统一有效的抵抗。特别是在1536年前，图图尔修家族曾经向西班牙人呈递了投降书，但可可姆坚持抵抗西班牙的入侵。

考古学家们认为这解释了后古典时期玛雅人衰弱的原因——内战频繁、统治者家族忙着相互背叛，以及内战引发的战士减员，等等，使得处于石器时代的玛雅人根本不能抵抗装备精良的西班牙人，其衰亡也就是顺理成章的事情了。

战争始终是古代文明的最大克星之一，世上也不乏这样的先例。比如说，元代成吉思汗肆虐欧亚，铁骑所到之处寸草不生。西亚古代文明也曾一度达到鼎盛，但因成吉思汗的入侵而宣告终结。

现在的问题是，上文所分析的是后古典时期的情况，属于玛雅文明的第二次衰落。作为玛雅文明巅峰的古典时期的那些玛雅人去哪里了？那时候并没有西班牙人，甚至连托尔特克人入侵也是200年之后的事情了。如果仅仅是战争与内乱，为何胜利的一方也消失了？

没有人能够给出合理的答案。但是有一点可以肯定，公元9世纪热带丛林中玛雅文明的失落原因，是不能仅用战乱来解释的。

失落猜想（三）：宿命论困住了玛雅人

对于玛雅文明失落之谜，考古专家还有一个比较高大上的推论，那就是，玛雅人可能毁于自己的人生观。

据一些学者估计，同时期的玛雅天文学、数学的水平可能比中国、埃及和希腊文明要领先 800 年左右。就是这样一个精神领域高度发达的文明，其生产力水平却仅停留在石器时代，连点像样的金属都没有，这充分说明了其人生观是多么因循守旧。同时，玛雅民族中经常流传着灭世的预言，他们相信地球最终难逃毁灭的悲惨宿命。即便是在现代的玛雅社会中，很多老人如果觉得自己要死了，哪怕没病没灾也会躺在床上静静地等死。

人们不禁要问，玛雅人为什么如预言显示的那样悲观？一个高度发达、历史悠久的民族，如果没有了信仰，没有了追求，会不会因信心动摇而颓废、消沉以致自杀式谢幕？当玛雅人停止了对世界未知的探索，而沉浸在权力斗争当中，越来越漠视生命，最终会导致什么样的结果？

有学者认为，玛雅人的世界观出了问题，没有了探索未知的欲望，或者原来的信仰崩塌了，或许才是造成玛雅文明失落的原因。

在古代玛雅，宗教崇拜是玛雅人生活中最重要的精神支柱。玛雅人的城市原本只是一个宗教中心，玛雅居民的聚居点都是围绕着作为祭祀中心的城邦而选择的。就连玛雅君主的统治，也要依赖于神权——玛雅社会的人们首先产生对神灵的崇拜，然后在祭司阶层宣传的"君权神授"的前提下，产生对君主的崇拜。可以毫不夸张地说，宗教崇拜在玛雅文明最巅峰的古典时期，对稳定社会有着非常重要的作用。

后来，伴随着玛雅文明的长期发展，贫富差距日益增大，社会阶级划分日益森严。在这种前提下，一旦出现资源短缺或者天灾人祸，下层人民的生活根本得不到保证。据考古学家考证，当时的玛雅人遇到天灾人祸往往会举办大型的祭祀活动，祈求神明庇佑。但可以预料的是，他们对神的乞求往往得不到回应。时间一长，玛雅人民对神灵的看法就会慢慢偏向负面，到最后甚至有信仰崩塌的危险。而玛雅人一旦失去对神灵的信仰，战争的危险就会接踵而来。

很多学者认为，关于玛雅人口数量减少这个问题，没有直接的考古证据表明是外来征服导致了玛雅地区人口的下降，因为中部现存的古典时期雕塑根本没有对战争场面进行表现。却有一些可能由于古代玛雅反对教权而发动起义的证据——在当地，各种宗教雕塑被人为丑化。

尽管历史上没有详细的下层人民起义反抗教权的记载，但是考古学家从玛雅遗址的断壁残垣中找到了玛雅社会存在下层人民起义的证据。

根据考古学家得到的资料显示，11世纪时北方的阿兹特克人南下入侵玛雅。他们到达托努华坎城这一宗教中心的时候，发现这座古城早已荒无人烟。现代的考古学家对这座城市的废墟进行了考察，最后认为其可能毁于城市中的居民发动的推翻祭司神权统治的暴动。主要证据是废墟当中神像的头全部被砍掉了，且作为玛雅社会神圣代表的祭祀神庙也遭到彻底的破坏。尽管没有直接的证据表明当时那里到底发生了什么，但下层人民发生暴动是极有可能的。

我们知道，玛雅城市中绝大多数雄伟建筑都是用于祭祀或者天文观测。建造规模如此宏大的工程，需要动用的人力、物力、财力非常之多。如果当时玛雅的祭司阶层和统治阶级不体恤民力，只是一味地耗费人民的力量去建造这些祭祀用的建筑，最终有可能导致民变，促使人们起来反抗祭司阶层的压迫。有学者认为，玛雅地区人口增长速度过快，到了文明衰落的时期，已经无法承受传统宗教所带来的负担。那些宗教活动、宗教建筑已经变得过于奢侈，且祭司阶层挥霍了太多的社会财富。因为统治阶级依然坚持神权至上，导致整个玛雅世界都爆发了暴动，其文明最终走向了全面衰落。

不管怎么说，到公元 900 年，各地玛雅城邦已经不再制作历史石碑，一些组织森严的宗教活动也停止了。考古学家们还发现，在玛雅宗教中心地区的西部，有一些宗教的雕像被人故意破坏了。这说明，玛雅中心地区的宗教已经慢慢走向毁灭。

在接下来的玛雅文明后古典主义时期，玛雅人的信仰慢慢变成战争的附属物。我们在上文讲到的那个朝圣路上的毒杀案就是明证——统治阶级已经开始蔑视神明，不管是伤害朝圣者还是背弃安全承诺的行为在古代玛雅社会都是不容宽恕的罪名，而可可姆家族根本不顾忌这两条大罪名，表现出对玛雅传统宗教信仰理念的蔑视，这在古典时期的玛雅社会是不可思议的事情。

在后古典文明时期，玛雅人的信仰为他们带来了灭顶之灾。当公元 1523 年西班牙殖民者卷土重来的时候，玛雅人的信仰体系遭到毁灭性摧残。西班牙殖民者一方面对玛雅地区进行军事打击，另一方面利用天主教作为武器攻击当地的宗教信仰。他们试图从精神和肉体两方面对玛雅人进行改造。在这种情况下，玛雅文明体系遭到了致命的打击，原本所剩不多的传承再次受到沉重摧残。

也有学者认为，严格的社会等级划分，是导致后古典期文明衰落之后玛雅文明销声匿迹的首要原因。玛雅社会那些先进的科学知识，只是掌握在极少数贵族以及祭司阶层的手中，占玛雅社会绝大多数的玛雅中下层人们对此一无所知。所以，在西班牙人"焚书坑儒"之际，玛雅社会的知识分子基本上被赶尽杀绝，他们带走了辉煌无比的玛雅文明传承，而遗留下来的人们虽然人数众多，但已经不认识古老的象形文字，也无法掌握先进的天文学知识。由此看来，玛雅人为了躲避西班牙人的文化摧残，从而选择大举迁徙，也不是很难理解的事情。

玛雅文明虽然创造了高度辉煌的天文、数学成就，但并没有传承下来。今天的200万名玛雅后裔，对于祖先的历史一知半解，对于前辈先进的科技成就毫无头绪。从这个角度说，我们中国人不能不为自己的老祖宗感到骄傲。中国历朝历代都非常重视记载历史，几乎每个朝代都有专门的史官修史。而且，我们也要感谢古代的发明家们——因为他们的努力，我国古代的科技水平非常发达，而造纸术和印刷术的发明又保证了文化的传播。这样一来，我国古代文明的科技成果、历史事件都被井井有条地记录下来，传承至今。

失落猜想（四）：肆虐的瘟疫摧毁了玛雅

也有学者认为，玛雅人之所以在最辉煌的时候逃离家园，极有可能是因为当时爆发了一场瘟疫。

一场瘟疫几乎摧毁一个文明的案例，在历史上并不少见。比如说，公元前430年左右，古希腊雅典爆发了一场瘟疫，使雅典城失去了接近一半的人口。公元164年，罗马军队在镇压叙利亚叛乱凯旋回师的时候，不小心把瘟疫带回了罗马，结果罗马接近十分之一的人口死去，部分地区甚至失去了三分之一的人口，古罗马文明从此一蹶不振。公元541年到542年，地中海地区曾经爆发了一次鼠疫。不要小看这些老鼠，它们杀死了当时欧洲接近一半的人口，总死亡人数突破了1亿。这次鼠疫的后遗症是阿拉伯人趁机占据了曾经不可一世的拜占庭帝国。世界上最近的一次大瘟疫发生于1918年，一种叫作"西班牙女郎"的流感病毒，致使全球有5000万人丧命。而第一次世界大战造成的死亡人数是1000万，只有它的五分之一。

这些学者认为玛雅文明被瘟疫摧毁的直接证据，是西班牙传教士兰达的笔记。

这位曾经指挥了对玛雅文明进行"焚书坑儒"的大主教，在笔记中详细记载了从玛雅潘衰落到西班牙征服玛雅，近一个世纪的时间内，降临到尤卡坦人身上的种种灾难。公元1566年，兰达开始撰写这部作品，在书的开篇他这样写道：

从最后一次瘟疫横行的时间算起来，迄今为止已经过去 50 多年的时间了，先前战争引起的大量人员伤亡发生在瘟疫前 20 年，洪水肆虐是这场战争前的 16 年，飓风又发生在洪水肆虐前的 16 年，也就是玛雅潘被毁灭后的 22 或 23 年。经过这些计算，我们发现玛雅潘城邦已经毁灭了 125 年，其间这个国家的人民经历了各种各样的灾难。

如果兰达得到的资料是真实有效的，这样算起来，玛雅潘毁灭的时间是公元 1441 年，我们可以进而推断出飓风横行发生在 1464 年，洪水肆虐发生在 1480 年，收割了诸多人命的战争是在 1496 年，最终得出结论：瘟疫发生的时期是 1515 年或 1516 年。

提兹名德的《契伦·巴伦之书》和楚马耶尔的《契伦·巴伦之书》中都记录了在公元 1480—1500 年，玛雅地区曾经蔓延过一场流行病。依据兰达的描述，这场肆虐的瘟疫发生在公元 1224—1244 年这段时间内。楚马耶尔《契伦·巴伦之书》中的第一大事记描述了天花发生在公元 1500—1520 年。这场大病可能就是兰达笔记里面所描述的"身上长满了巨大的脓包"的传染病。依据兰达的计算，这场天花发生在 1515 年或 1516 年。当然，仅凭这两个记录就认为玛雅地区真的发生过大瘟疫并不妥当，但我们能找到的瘟疫资料只有这些。现在的考古学家更倾向于相信他的记录是真实的。而且，这两种记录表明当地大事记中的时间间隔是准确的。

也有人说，令玛雅人背井离乡的病毒是疟疾和黄热病，这些疾病四处肆虐、重复传染，毁灭了玛雅，以致他们被迫放弃了气候更适合居住的佩腾低地的城市，到北部的尤卡坦半岛寻找其他没有瘟疫的生活环境。

15世纪末，在欧洲人第一次踏上美洲大陆的时候，这里的原住民数量在2000万人到3000万人之间。100年之后，这个数字锐减到100万人。有研究资料显示，欧洲殖民者把一些天花患者使用过的毛毯送给了印第安人，这直接导致了印第安人几乎灭族的惨痛经历。随后，西班牙殖民者还把黄热病也带到了玛雅。

但是，根据我们掌握的资料，在西班牙人到达玛雅大陆之前，并没有疟疾和黄热病造成的瘟疫在中美洲蔓延。疟疾在欧洲流行的时间要晚于玛雅文明古典主义时期，而黄热病主要是在非洲地区肆虐。美洲关于黄热病最早的记录发生在1648年。这一年，西班牙人把黄热病传到了美洲大陆，对当地造成了毁灭性打击。这也从侧面证明了这其实是一种外来的疾病，并非玛雅地区原有的病症。因此，在西班牙人到来之前，玛雅人基本上不会得疟疾和黄热病这两种传染病。

考古学家们曾经对玛雅遗址进行过全面的考察。他们认为在玛雅文明处于巅峰的古典时期，玛雅人居住的环境是非常干净的，环境质量明显高于当时的社会平均水平。但这并不意味着他们不会得病，只要跟外部民族接触，就有可能把病毒带回玛雅地区。

假如真有一场传染病在玛雅社会内部传播，那么玛雅人有可能为了躲开疾病的传播，从而做出离开当时的聚集地到一个新的地方去生活的决定。

失落猜想（五）：人口爆炸致使玛雅人背井离乡

在古典时期，玛雅人居住的地区真的不算很大。他们基本上集中在佩腾盆地的中心地区，而且修建的城市规模也很小。更令人难以理解的是，绝大多数玛雅人并没有居住在城市中。

可以预见的是，在如此狭小的土地上，假如人口无节制地繁殖，就会对当地的生态环境造成巨大的压力。根据以前的考古学家的说法，玛雅文明最兴盛的时期，其人口曾经达到数百万。如此庞大的人口基数，对于生产力水平尚处于石器时代、农业生产还依靠传统的刀耕火种法的玛雅社会来说，绝对是一个巨大的负担。

事实上，玛雅的人口还真有可能出现爆炸性增长的趋势。

根据最新发现的考古资料显示，从公元前2500年玛雅人开始兴起，到公元900年古典文明基本结束，玛雅的人口平均每408年就要翻一番。到公元800—900年这个时间节点，人口已经增至500万。在玛雅文明巅峰期的古典时期，玛雅人修建了40多个城市，每个城市至少有5000人。最大的城市蒂卡尔能够容纳的人口可能突破了20万。玛雅文明古典时期主要的城市有蒂卡尔（Tikal）、瓦哈克通（Uaxactun）、科潘（Copan）、波拿帕克（Bonampak）、双柱城（Dos Pilas）、卡拉克穆尔（Calakmul）、帕伦克（Palenque）及里奥贝克（Rio Bec）等。上述城市中的大多数都位于今天的危地马拉低地。有考古学家认为，数百万人拥挤在狭窄的危地马拉低地中，其人口密度已经和今天的发达地区差不多了。

为了生存，玛雅人只能毁林造田，而这种行为又加剧了对自然环境的破坏，导致了气候异常等诸多不利后果。

雪上加霜的是，科学家们的最新发现表明，玛雅人的人口规模可能远远超过 500 万。

根据美国媒体福克斯新闻在 2018 年 2 月的报道，当地一家基金会组织了一支考古队，在两年的时间内穿越了玛雅低地超过 772 平方英里的危地马拉丛林，结果发现了一座此前从未发现过的玛雅"特大城市"。

这座"特大城市"位于佩腾森林地区的玛雅生物圈保护区内。考古学家们利用先进的 LiDAR（光探测和测距）技术，用激光对森林进行了扫描，结果发现了这座拥有农场、高速公路和防御工事网络等 6 万座建筑物的特大城市。

科学家们不但发现了这座失落的古城，还发现了很多新的文物，推翻了此前的很多推论。比如说，考古学家们可能一直低估了古代玛雅人农业的发达程度。这次研究结果显示，玛雅文明"几乎在工业规模上"生产农产品。

再比如，玛雅巅峰时期的城市数量可能还要增加。根据考察队负责人、国家地理探险家弗朗西斯科·埃斯特拉达·贝利（Francisco Estrada Belli）博士在纪录片中的说法，"一些我们从不知道的城市群都在调查数据中出现"，"还有两万多平方公里需要探索，将有数百个我们不知道的城市在那里，我向你保证"。新的玛雅城市被发现，很可能只是时间问题。

还有，很多考古学家认为古代玛雅人对于战争持反对态度，但是这次在城市遗址中发现了防御工事与堡垒，显示出玛雅人在保卫城市方面也是下了一番功夫的。

当然，最重要的一个发现是，古代玛雅人的人口，可能远不止此前预估的数字。目前，考古学家对于玛雅人口的总数存在争议，有人说在100万~200万人，还有一种说法是500万人左右。而这次的考古证据显示，玛雅人口的数字可能需要重新评估。科学家们在对遗址进行分析调研后认为，玛雅人口可能突破千万人，甚至达到2000万人。

这是一个令人瞠目结舌的数字。

曾经有对玛雅人口感兴趣的学者进行过一番调查，结果发现，许多玛雅人聚居点的人口超过了当时社会所能供养的人数上限。他们反复核对，甚至另辟蹊径，从建造金字塔需要的人工来反向推测玛雅当时共有多少人口。根据他们的计算，当时玛雅的人口密度大约是每平方公里136人。

这个数字到底是多还是少呢？让我们来看一组数据，以便得到更为直观的印象。如今玛雅后裔居住的尤卡坦地区的人口密度，仅为每平方公里12人。当然，这其中涉及的一个问题是，二者居住的环境不同。前面古代人口的密度指的是学者抽样调查地区中居住的人数，而后面的数字指的是整个尤卡坦半岛居住的人数。地域不同会导致人口密度不一样。例如，居住在沙漠上的人口密度肯定要小于居住在绿洲上的人口密度。但是，作为学者抽样调查对象的古代玛雅地，也有43%是沼泽地区或其他不适宜人类居住的区域。

要全部养活这样密集程度的人口，需要很大的生活成本。根据有关史料记载，古代玛雅人居住在广阔而分散的玉米地附近。不管在玛雅文明的任何时期，玛雅人的耕地都没超过总面积的五分之一。

更严重的资源问题是饮水。古代玛雅最缺的就是水源，为了解决这个问题，他们修建了很多蓄水池，小的可以解决20人的生活用水，大的可以解决几千人的用水。换句话说，哪怕是在风调雨顺的时节，一旦人口超过5000，这个居民点就会发生缺水的现象。

因此，玛雅人口能容纳的上限不高，一旦出现天灾人祸，其承受能力就会崩溃。而此时，人口呈爆炸式增长的玛雅社会不堪重负，唯一的选择只能是迁徙了。于是，繁荣昌盛的玛雅城市慢慢地变成"鬼城"。

失落猜想（六）：一场玉米地带来的劫难

明代万历年间，有个福建商人叫陈振龙。有一次，他到现在的菲律宾去经商，发现当地有一种植物叫作"朱薯"。当地人把它视为珍宝，且当地政府严禁这个植物品种外流。陈振龙买了几块薯藤，将它们藏在船中偷偷地带回国内。此后，这种植物就在中国落地生根。今天，我们把它称为"番薯"。

故事的主人公陈振龙一定没有想到，当年他从外国带回来的这种植物，促成了中华民族的一次农业大发展。

关于古代中国的人口总数一直有官方记载。在清代以前，中国人口总数的高峰是在明代万历年间，登记造册的人口为6700万。此后，战乱冲突导致人口锐减。到了清朝乾隆初年，社会日趋稳定，人口总数首次突破1亿大关。到乾隆二十七年,也就是公元1762年,中国的总人数突破了2亿。又过了28年,中国的总人口突破了3亿,这也是中国封建时代最后一个盛世——"康乾盛世"的巅峰期。

总人口增长的原因是多方面的。比如雍正皇帝曾经实行"摊丁入亩"的政策,取消人头税,极大地促进了人口的增长。但是,历史学家认为,清代中国人口增长的主要原因是农业水平的提高。也就是说,农业的产量增长了,可以养活更多的人口。而农业产量增长最直接的原因,就是番薯的引进及广泛种植。

其实,玛雅人可能也曾得到过这样一个机会。上文中我们曾提到过,玛雅社会极有可能经历过一次人口爆炸式增长。假如他们的农业水平可以支撑其人口增长,那么玛雅也会迎来繁荣昌盛的时代。但是,考古学家发现,玛雅人在这个时代拐点走了另一条不归路。

其实,这样的结果并不难以理解。虽然玛雅人拥有杰出的天文学与数学成就,但其生产力水平还处于落后的石器时代。考古学家告诉我们,自古以来,玛雅人都在采用一种极为原始的"米尔帕"耕作法种地。所谓的"米尔帕"耕作法,就是"刀耕火种",也是最原始的耕作方式。

首先,玛雅人把耕种土地上的树木全部砍光,然后等待地面干燥,在雨季到来之前,将地里的植物统统烧毁。植物焚烧之后形成的草木灰,就是玛雅人耕地的肥料。然后,玛雅人就开始种植玉米。等到收获之后,将秸秆烧毁。再过两三年,等草木灰的肥料发挥了作用,他们才开始种第二茬玉米。

因为玛雅土地并不肥沃,所以能够生长的植物不多,有些土地开荒后要等六七年才能有植物可焚烧作肥料。由此可见,玛雅人的粮食供应存在很大风险：一旦遇到天灾，守着一块六年才能收成的土地，肯定是撑不过去的。

在这种情况下，玛雅人开始向外扩张，进行更多的毁林开荒活动，结果造成更严峻的后果：水土流失，水源枯竭。

经过长时间的挫败，玛雅人终于意识到，他们不可能产出足够的粮食来维持人口日益增长的需要。这使得玛雅人陷入四面楚歌的境地：玉米产量不能提高，人口却不断增加，而且生态环境恶化，生活资源枯竭，整个玛雅社会状况一落千丈。

玛雅原本是一个神权国家，遇到这种问题，人们更多地会认为这是天神发怒造成结果。于是，大多数人想到的解决办法是向神明祈求，希望他们能够提高玉米的产量。为了达到这个目的，玛雅统治者阶层以及祭司阶层就强征更多的人去修建更多的神庙、金字塔，希望神明能大发慈悲，解决玛雅人的吃饭问题。但这使玛雅人再次陷入一个死胡同：去修建金字塔的人越多，进行农业生产的人就越少。久而久之，粮食产量不但没有增加，反而再度减产，玛雅人陷入了不可救药的死循环中。

由于农业生产力严重不足，曾经辉煌一时的玛雅文明终于走向衰落。我们可以想象，在某一年，玉米颗粒无收，整个玛雅地区陷入粮食危机，为了找一口饭吃，玛雅人不得不开始一次次大迁徙，踏上求食求生存的道路。

失落猜想（七）：气候变化导致玛雅失落

导致玛雅文明最终衰落的原因是什么，一直是学术界争论的焦点。后来，气候变化是玛雅文明衰落的原因的说法出现了。

持这种说法的人认为，玛雅文明的衰落的原因是当地连年干旱，玉米大批减产，摧毁了这个古文明赖以生存的农业基础。而且，当时的玛雅人没有打井竖渠的技术，只好眼睁睁地看着本地的湖泊河流干枯断流、农作物枯死，最终不得不远离故土。

在目前所有关于玛雅文明失落原因的推论当中，气候方面的原因是最具说服力的。

得克萨斯州的考古学家理查德森·B. 吉尔（Richardson B. Gill）是这个假说的最早研究者。吉尔曾经历过20世纪50年代得克萨斯大干旱，那场干旱持续了五年，使得美国经济大受影响。从那时开始，吉尔就将干旱与玛雅文明失落联系到一起。此后，他一生都在寻找支持这个论点的证据。

经过长时间的努力，他找到了一些证据：首先，有记录显示在20世纪初，古代玛雅人居住过的尤卡坦半岛曾经发生过一次旱灾，这次旱灾持续了三年时间。这表明，玛雅人聚居地的确有发生旱灾的可能性。然后，他又翻阅了西班牙殖民者留下来的记录，发现在1795年，玛雅地区也曾发生过令玉米颗粒无收的旱灾。但是，这两次旱灾都发生在玛雅文明失落之后。如果要证实他的理论，必须找到公元 9 世纪和 10 世纪的气象记录才可以。而这个难度太大了。古代玛雅人虽然有天文台，但没有现代意义上的气象台，且玛雅的祭司们的天气预报能力也不是那么强。

2001 年，就在吉尔一筹莫展之际，意想不到的救星登场了——古气候学家们利用自己的知识和技能介入了考古学这个领域，并且帮助考古学家们证实了玛雅文明失落的假设。而玛雅文明失落的原因也成了古气候学家研究的课题之一。

失落猜想（八）：玛雅人返回外星球

对于玛雅文明失落原因的推测，最为玄妙的大概就是"返回外星"的说法了。持这种观点的人虽然不多，但是比较有代表性。

今天，如果我们站在热带雨林中蒂卡尔城遗址的前面，看着这个雄伟庄严的古城遗址，心中总会浮现起疑团：如此先进的城池到底是怎样建起来的？要知道，早先玛雅人的生活状态就是巢居树穴、茹毛饮血，但是到了公元 200 年左右，玛雅人的生活出现了突飞猛进的变化，创造了一些在今天看起来令人匪夷所思的奇迹——他们可以在没有天文望远镜的情况下得出与现代科研成果不相上下的天文学数据。而且，没有任何证据表明，这个文明的产生、发展是一个循序渐进的过程。玛雅人的先进文明仿佛是从天而降的。直到今天，考古学家们依然没有发现玛雅文明前期积累的任何痕迹，就连玛雅人的神话传说中也不曾有过任何线索。

玛雅人的生产力水平却远不及他们的天文学、数学水平。他们可以在连轮子都没有广泛应用的情况下，计算出地球金星的旋转轨迹；他们可以在连金属都没有的情况下，发明零这个概念；他们可以在连家畜都没有驯养的情况下，将日历精确到小数点后四位。

很多人认为玛雅文明来自外星人的传授。外星人只传授给他们先进的天文、历法、数学等技术，其他的如农业、冶金等技术却没有传授。这导致玛雅文明就像一个作弊的考生，在某些难题上得了满分，而一些送分题却做不出来。

也有很多人认为，玛雅人的祖先很可能就是外星人，玛雅文明时期的玛雅居民就是外星人的后裔，其原因是多方面的。

首先，从玛雅人聚居地的选址来看，其选择结果非常蹊跷。一般来说，如果古代文明的居民要选择聚居地，通常会选择靠近大江大河、土地肥沃、交通便利的地方。而玛雅人却选择了潮湿闷热、野兽横行的热带雨林。这是不是为了避免与当时地球上的其他人类接触？

其次，根据玛雅历法中的卓尔金历，科学家们推断适用这个历法的星球位于地球与金星中间，可是天文家在太阳系里找不到这颗星球。不过，科学家们曾经在地球和金星之间发现了一条陨石带。所以，坚持玛雅人是天外来客这种说法的人干脆把这条陨石带称为"玛雅星"。

再次，在玛雅人的传说和雕刻作品中，有很多"白色太阳的子孙们"双手喷火、伴随着电闪雷鸣降临人间的图案，甚至有一些疑似身穿宇宙服的人操控火箭的场景。这些作品是不是在向人们展示玛雅人与外星人之间若有若无的联系？

在玛雅遗迹布兰科的"铭文神殿"中，曾发现过一个很怪异的玛雅皇家陵墓。陵墓的中央停放着一具巨大的石棺，石棺里装着一位古代玛雅国王的遗骨。虽然他的身份没有被确认，但是考古界一致认为他曾是布兰科城一位非常受人尊敬的国王。他的名字叫帕尔卡，玛雅语的意思是"太阳陛下"。

这位太阳陛下石棺上的雕刻非常复杂，刻画的是一位蜷曲着身体、仿佛在骑摩托车的玛雅人形象。他的周围环绕着一些古怪的、仿佛某种操作系统的图案。而位于雕刻中心的人物就仿佛浮在那里似的。

瑞士作家艾瑞兹·温·达尼肯对这个形象有极大的兴趣，他于20世纪60年代在发表的作品《神之战车》中提到，那个在玛雅国王棺盖中心蜷着身子的人其实是一位外星宇航员，正在试图控制自己的宇宙飞船。根据这个雕刻，不少人认为玛雅祖先之所以消失，是因为他们被外星人接走了。而这位太阳陛下其实是一位没来得及赶回去的外星人。

还有这样一种说法：在很久以前，玛雅人在玛雅星上建立了高度发达的文明社会。后来，由于宇宙的变化或其星球内部的热量膨胀，这颗星体遭遇了灭顶之灾，爆炸后形成了一条陨石带。逃过一劫的部分幸存者带着少许科技知识飞到地球上避难，给地球带来了玛雅文明的繁荣。后来，他们寻找到更好的居所便离去了。可以佐证这一说法的证据是，在中美洲很多传说与神话中，都曾提到过来自东海的智者或者文明使者。也有一些玛雅人说这些智者是从天上来的，他们信誓旦旦地说这些智者教给他们的祖先先进的知识，等他们的祖先建立起文明之后，便乘飞船向东离去了。

还有一些人认为玛雅人是猎户星座殖民者的后裔。在玛雅人的创世故事中，曾提到地球上的人类是来自猎户座的殖民者。持这种说法的人认为，作为外星人后裔的玛雅人，其实一直都在跟自己的星球联系。玛雅人修建的金字塔、天文台，就是与外星人联系的信号接收台。

而古代玛雅人之所以神秘消失，是因为他们的祖先又将他们带回了自己的星球，只留下了一些不适合做天外旅行的居民。

在玛雅传世典籍《波波尔·乌》中，基切族人的祖先在谈论其他民族时认为，他们的祖先与其他人的祖先完全不同。书中这样写道："他们只要睁目而视，就立即能看到天空和圆形的地表（他们已经知道地球是圆的）。他们能看到极远处的东西，并予以正确的判断。"

如今玛雅人中流行这样的看法：他们认为自己虽然来自地球，但一部分属于天空，一部分属于宇宙。虽然他们生活在地球，但是天空中有他们的亲人。他们用"米舒"这个词来称呼在天空中的亲人——那些在地球以外的兄弟姐妹。他们经常为米舒祈祷，同时确信米舒也会为他们祈祷。

不管是出于什么原因，玛雅文明就那样令人吃惊地消失了。那些金字塔、神庙、天文台、球场、宫殿，全部隐藏在热带雨林中；而曾经的象形文字、天文学、数学、哲学成就，就那样伴随着古代玛雅人的退场，消失在断瓦残垣间。

文明延续：阿兹特克文明传承之谜

阿兹特克与玛雅的渊源

有很多人将玛雅人和阿兹特克人联系起来。甚至有这样一种说法，阿兹特克文明承载了玛雅文明，是玛雅文明的后裔。而事实真的是这样吗？

阿兹特克文明是中美洲古老的印第安文明之一。根据史料记载，它最早出现于12世纪中叶，在公元14—16世纪达到巅峰。阿兹特克文明是古代墨西哥文化最后一个文明成熟的时期。

据说，阿兹特克人最早只是一个游牧民族，在墨西哥平原以及高地上生活了200多年。这个民族经常用武力骚扰附近的邻居，后来大家联合起来将其收拾了一顿。阿兹特克人吃了败仗，部落中大部分人被俘虏了，剩下一小撮人逃了出去。

这场战斗中有一处跟玛雅文明有关系，那就是在击败阿兹特克人的盟军当中，有托尔特克人的身影。

托尔特克人原本是墨西哥北部的一支游牧民族，大约在公元800年时崛起，开始向墨西哥中部高原扩张。大约在公元850年，一位叫霍拉特的国王使托尔特克的国力达到了顶峰。他战死后，其子克沙尔柯脱尔继位，并在公元856年建立了雄伟的首都图拉城。公元967年，托尔特克人从墨西哥南下，远征玛雅，攻破了奇琴伊察，在那里建立了新的玛雅托尔特克城邦。这也间接地改变了玛雅文明的历史。

由此可见，玛雅人、托尔特克人、阿兹特克人三者其实形成了一个有趣的连环关系。玛雅人和阿兹特克人都被托尔特克人击败过。三者的文明有很多共同点，可能就是这几次战争导致的民族融合。

战败后被俘的阿兹特克人被带到库尔华坎。库尔华坎的酋长叫科克斯，他没有杀害这些阿兹特克人，而是让他们成为托尔特克人的雇佣军，帮助其南征北战。阿兹特克人生性勇武，后来在库尔华坎屡立战功。

那一小撮没被俘的阿兹特克人吃了败仗后，如丧家之犬一般游荡在墨西哥高地。有一天，他们见到了主神兼太阳神维齐洛波奇特利。太阳神为他们指了一条明路，并吩咐他们一直往南走，找地方定居。当他们走到谷地时，在德斯科科湖中央的岛屿上，看到一只老鹰站在仙人掌上吃蛇肉。而这正是太阳神告诉他们的家园的标志。于是，阿兹特克人就在这里定居下来。

被俘的那些阿兹特克人后来因战功显赫而被释放，也寻到了同伴定居的这个岛。在阿兹特克第一任首领特诺克的带领下，他们在岛上建立了一座叫特诺奇蒂特兰的城市，就位于今天墨西哥首都墨西哥城的中心位置。

在最开始的时候，阿兹特克人的领土并不大，后来在 1426 年，阿兹特克、特斯科科和特拉科潘三个城邦组成了"阿兹特克联盟"，由当时的阿兹特克国王伊兹科亚特尔任首领。伊兹科亚特尔也是阿兹特克历史上第四任首领。他的继承人蒙特祖马一世及其后的继承者们，充分发挥了阿兹特克人骁勇善战的特点，四处开疆拓土。随着时间的推移，他们的领土逐渐扩大。

到 15 世纪末 16 世纪初，阿兹特克的国力已经达到巅峰，有 300 多万人口，发展成一个领土庞大的帝国，占领了墨西哥大部地区，只有一个国中之国——"乔卢拉"没有被征服。阿兹特克疆域的东西两面已达墨西哥湾和太平洋沿岸，北面临近齐齐梅克，南部一度扩张到今天的危地马拉边界。

这时候，他们已经离玛雅文明所在地不远了。

当阿兹特克人在墨西哥开疆拓土时，玛雅人却在危地马拉地区陷入内战的深渊。后来，伴随着侵略扩张，阿兹特克人的势力终于抵达危地马拉边界。

阿兹特克人所统治的中心区域在中美洲狭长半岛的西北部，与北美洲接壤；而玛雅人所在的尤卡坦半岛则位于中美洲的东部，与南美洲相邻，二者中间还隔着萨波特克人和米斯特克人。即使阿兹特克人打到了危地马拉边界，离尤卡坦半岛的玛雅中心城邦也隔着十万八千里。

但这并不意味着玛雅人与阿兹特克人之间没有爆发过战争。

根据历史记载，在公元1300年左右，有一群玛雅人向墨西哥中北部进行过大规模迁徙，历史上把他们称为瓦斯特克人。瓦斯特克人寻找居住地时犯了大错——选择与阿兹特克人做邻居。当时阿兹特克人的首领是蒙特祖马一世，他立即率军攻打瓦斯特克人。可怜的瓦斯特克人继承了玛雅人不擅长打仗的传统，不久就被阿兹特克人吞并了。

另外，在今天墨西哥与危地马拉西部交界处的太平洋沿岸地区，有一个城邦叫作索克努斯科。这个地方就是玛雅人和阿兹特克人生活区域的缓冲地带。索克努斯科后来屈服了，成为阿兹特克最远的属国。根据历史记载，此地投降后，阿兹特克的军队曾多次经这里进入今天危地马拉的西部境内烧杀抢掠。这附近极有可能存在着玛雅人的聚集地，所以不能排除玛雅人在战争中受到波及的可能性。

根据专家考证，在玛雅文明西端，位于危地马拉西部边界的几个城邦的神话体系中，出现了以阿兹特克皇帝名字命名的神明。这说明，在16世纪时，阿兹特克的政治影响力或许已经抵达部分玛雅文明区。

阿兹特克人的文明中有很多玛雅文明的影子或许可以说明这一点。

阿兹特克文明传承自玛雅文明吗

与玛雅人一样，阿兹特克人也在自己的土地上建立了高度发达的文明，但这种文明是建立在融合其他文明的基础上的。

在国家组织方面，阿兹特克帝国实行集权统治，整个社会有着森严的阶级等级划分制度。武士、祭司位于社会的最上层；商人和手工业者构成了社会的中层阶级；而农奴、契约奴仆及奴隶则位于社会的最底层。

在阿兹特克的社会体系中，贵族与祭司阶层同样统治着广大劳动人民，但有一点与玛雅文明不同，那就是居民个人的地位可以升迁。如果在战场上立了功，他们就可以提升自己的地位，进入上层社会。阿兹特克帝国的军队系统分为三大武士集团：美洲豹武士（虎武士）、鹰武士、弓箭武士，此外还有黑曜石刃枪兵、骷髅武士等。因为军功能提升自己的社会地位，而且是最可靠的进身之阶，所以阿兹特克的武士们十分好战。

阿兹特克君主实行民主选举制。君主的人选通过部落会议从特定的家族当中推选出来。被选出的这个人不仅是阿兹特克的国王，还是帝国军事的最高首领。但这个位置并不是世袭的，可以被部落会议罢免，显示出阿兹特克人相对先进的民主性。

与玛雅文明密切相连的是阿兹特克人的历法。阿兹特克历分为两种：一种是"太阳历"，即把一年分成18个月，每个月20天，再加上剩余的5天单独作为禁忌日，每年合计365天，遇到闰年（每四年一个闰年）就加一天。第二种是"月亮历"（又叫"仪式历"），一年分为13个月，每个月也是20天，每年合计260天。这两种历法每隔52年会重合一次。

这与玛雅人的"太阳历"与"卓尔金历"极其相似。

阿兹特克的宗教也吸收融合了许多其他中美洲文化的元素。其中最主要的还是融合了玛雅文明的信仰体系，他们的宇宙观也承接自玛雅人。比如说，他们认为现在的地球是创世神一系列造人运动的产物；地球上有13重天堂，下有9重地狱。

阿兹特克人的神话体系也跟玛雅人有关联。他们的主神有身兼神王、战神以及太阳神三职的维齐洛波奇特利，太阳神托纳蒂乌，雨神特拉洛克和羽蛇神魁扎尔科亚特尔。这几个神明在玛雅神话中都能找到对应的神祇，且形象非常相似。

阿兹特克社会中人祭之风盛行，常以受害人的心脏或血献祭太阳神。祭神的活祭品大多是战俘，武士阶层也以能够成为祭品为荣。根据统计，阿兹特克每年用于活祭的人数超过了几千人。

在农业方面，阿兹特克人的耕种技术与玛雅人并无差别，都使用十分原始落后的石制工具与耕种方法。阿兹特克人的主要粮食作物也是玉米，其他的作物也跟玛雅相同，有豆类、南瓜、马铃薯、棉花、辣椒等。阿兹特克的特产是龙舌兰，它生长在降水量少的干旱地区。

唯一比玛雅文明发达的是阿兹特克的教育。阿兹特克的孩子在很小的时候就开始接受家庭教育。5岁后会被送到学校去接受启蒙教育，10岁时可进入职业专科学校学习。毕业后，大约有十分之一的优秀学子还可进入类似于大学的机构深造，这些机构开设了天文、数学、医药、法律、建筑、雕刻等非常专业的课程。这一点与科学文化知识全部集中在祭司阶层手中的玛雅文明形成了鲜明的对比。

从以上这些方面来看，阿兹特克文明的确有着玛雅文明的影子。但如果要说阿兹特克文明传承自玛雅文明，则缺乏证据。这两种文明之间的关系应该是相互融合、相互学习的，并不是绝对的传承关系。玛雅文明与阿兹特克文明实际上是同时存在于美洲大陆上的。虽然玛雅文明出现的时间早一点，但是其被摧毁的时间与阿兹特克文明的结束时间基本一致，甚至晚于阿兹特克文明。

阿兹特克覆灭，印第安文明终止

西班牙人很早就盯上了阿兹特克帝国。1518年前后，一些西班牙的殖民者在墨西哥沿岸探听到了关于阿兹特克帝国的情报，传说那里遍地都是黄金。贪婪的西班牙驻古巴总督韦拉斯克兹，决定派一位叫科尔蒂斯的探险家带领一支军队对墨西哥进行远征。科尔蒂斯原本是西班牙国内的一个小贵族，曾在进攻古巴的战役中陪伴在韦拉斯克兹身边。他野心勃勃、贪婪无比。接到命令后，科尔蒂斯散尽家财，组建了一支由亡命之徒组成的军队。韦拉斯克兹看到这种情况后有点后悔，担心他一个人会独吞黄金，于是连忙撤回委任状。但科尔蒂斯假装没有收到召回的命令，于1519年扬帆出海。

科尔蒂斯在墨西哥登陆后，立刻获得了第一场胜利——他击败了当地一个奋起抵抗的印第安部落，并将该部落酋长的女儿娶为妻子。这个女人是一位语言天才，懂得玛雅语和阿兹特克语。科尔蒂斯让其改信基督教，取名为玛丽娜，教授她西班牙语。这个女人之后成为科尔蒂斯征服墨西哥过程中的向导兼翻译。

1519年4月，科尔蒂斯到达阿兹特克王国境内。此时的阿兹特克国王是蒙特祖马二世。这位国王收到西班牙人入侵的消息后，不是厉兵秣马准备抵抗，而是准备礼物迎接他们的到来。

阿兹特克人和玛雅人都有一个海上智者的传说。所谓海上智者，是指古代从海上漂来的一些白皮肤、白胡子的人。这些智者教授他们各种知识，帮助他们建立了文明后飘然远去，但临行前曾许诺以后还会回来。这些智者被阿兹特克人称为"魁扎尔科亚特尔（羽蛇神）"。

所以，当西班牙人到达阿兹特克帝国时，包括国王蒙特祖马二世在内的人都认为是海上的智者回来了。蒙特祖马二世派人一路照顾科尔蒂斯的食宿，并为他献上大量珠宝。就这样，科尔蒂斯不费一兵一弹就进入了阿兹特克帝国首都特诺奇蒂特兰。城中的居民看到白皮肤的西班牙人，也以为是羽蛇神再度回归，夹道欢迎他们。

进入阿兹特克的宗教圣地乔卢拉城之后，科尔蒂斯借口阿兹特克人设下埋伏企图杀害自己，发动袭击，俘虏了国王蒙特祖马二世，还在他的王宫内疯狂抢夺财宝，并杀害了前来阻止他们的祭司们。

1520年，在一次阿兹特克人的宗教祭祀活动中，西班牙人向阿兹特克人发难，杀害了600多人。这种行为激起阿兹特克人的奋起反抗，他们凭借人数上的优势将西班牙人团团包围。

1520年6月30日，蒙特祖马二世死了。关于他的死因，西班牙人声称是被阿兹特克人的石头砸死的，而阿兹特克人则认为是西班牙人用绳子勒死了这位可怜的国王。蒙特祖马二世死后，科尔蒂斯连夜组织突围。许多西班牙人为了逃跑，无奈将财宝丢入水中以减轻重量。即便这样，还是有上千个西班牙人葬身水底，科尔蒂斯损失了一半的军事实力，历史上将这一晚称为"凄惨之夜"。

西班牙人逃跑了，阿兹特克人却陷入更大的危机中。在西班牙占领期间，科尔蒂斯的一个奴隶染上了天花，病毒在城里蔓延。长期与世隔绝的阿兹特克人对这种新型病毒毫无抵抗力，死伤惨重，就连国王也未能幸免。

阿兹特克帝国最后的皇帝叫库奥赫特莫克，他是蒙特祖马二世的侄子。这时的阿兹特克已是风雨飘摇，内部的疾病还未得到根治，外部的敌人又赶到了。

1521年4月，西班牙人在科尔蒂斯的率领下卷土重来，对诺奇蒂特兰城发起了最后的围攻。

病魔缠身的阿兹特克人经过长时间的抵抗后，最终被打败。1521年8月13日，国王库奥赫特莫克向西班牙军队投降。1525年2月26日，西班牙人绞死了库奥赫特莫克。此时，阿兹特克帝国的人口也因战乱、疾病而从1500万迅速下降到300万，首都特诺奇蒂特兰也毁于一旦。今天的墨西哥城是在特诺奇蒂特兰的废墟上重新建立的。

　　伴随着阿兹特克文明与玛雅文明的相继衰落，古代中北美洲的印第安文明终于画上了休止符。曾经璀璨夺目的古玛雅文明，终于退出了历史的舞台。